时代印记

豫见
YU JIAN
SHIDAI YINJI

郑东军　主编

中国建筑工业出版社

编委会

编委会主任：吴思柏

主　　　编：郑东军

参　　　编：张皓宇　高　峰　任　斌　宗成月　杨　桐　毛立志
　　　　　　　李　锋　谭申伟　张海川　冯　焕　王晓丰　宁　宁
　　　　　　　张月光　蒋　晖　王艳娟　张文豪　赵　凯　陈佳欣
　　　　　　　刘　坦　崔照冉　王富刚　白保霞　张　帆　陈钰源
　　　　　　　李　萍　别付栋　檀玉辉　郭希明　杜家豪

案头摆放的郑东军先生等学人的著述，读后感：前无古人——此前无人专著郑州工业；有历史有历史感，历史感连接历史，但郑先生们赋于了新的生命。令我这个老郑州心生感慨！

西郊，指郑州京广铁路线以西的地域，是约定俗成的叫法，20世纪80年代末，我写散文《父亲的西郊》发表在人民日报《大地》上。西郊这个叫法深深地藏在老郑州人的记忆里，如同说东郊——省委那片叫行政区。1956年之后，西郊有了中原区大名，如同行政区华丽转身金水区。有人将西郊改称西部、西城曾风光一时，它的标识是国棉五厂生活区大门东侧的西城饭店，多年前《广州文艺》编辑吴幼坚来郑州组稿曾住西城。

西郊，百多年有两大变化：

其一，1928年，冯玉祥主豫命手下建北伐烈士陵园，不准征用农田，选京广铁路西的一片荒地白沙岗，这里曾是战国时期掩埋士兵的地方。

其二，成为郑州的"工业重镇"。郑州1948年10月22日解放，市长宋致和1949年引进外埠水泥、烟草、柞油、建筑、造纸、火柴等6个企业。

1953年，全国人大三届会议，周恩来总理作政府工作报告，指出：将郑州建设成中国轻工业基地。从国家一五计划到第三个五年计划期间，由于郑州省会建设和洛阳工业基地建设的需要，在郑州西郊开始了纺织工业基地建设和洛拖、洛轴、洛玻、407高速柴油机厂、洛矿机械厂等十几个工业企业建设。

从1953年到1959年，西郊建起了国棉一、三、四、五厂，这是苏联专家设计的，现在国棉三厂已建成纺织博物馆，这是1996年，市文化局副局长张胜利率我等到三厂调研决定的，依据是国家文物局规定：工业厂矿三十年可按文物保护。博物馆归属二七纪念片，实物很少。一、三、四厂生活区仍是仿古大门，五厂改换门面。国棉六厂是1959年建成的。国棉二厂的基础是豫丰纱厂。西郊的五大纱厂占地面积是老城区的1.3倍。

1953年春，郑州电力公司成立（地址：现在的三十五中）。公司的科长武殿久被派到电力修造厂担任厂长，一把手书记叫路志学，产品：水泥电线杆。

1956年，王黎之任郑州市委第一书记，他抓工业，先后在西郊建成68家企业，如二砂，德国专家设计，电缆、煤机、三磨、工程、电器、发电设备、印染、上街的503厂等。三、四年时间，西郊工业已是郑州工业重镇；东郊行政区，省委、军区所在地，没有工业。

《豫见 时代印记》，这部书共计五章，不仅描述了二砂、电力等企业，还写到了文化设施，这是一大特点。第二个特点，倾情致真地采访了健在的老同志，为书增添了人文色彩。第三个特点是文图双读，两百多幅照片的岁月留痕，给人以心灵的慰藉，其中有盛婉的照片，她是童工，南方支援内地郑州建设，她来到国棉二厂带徒弟，她是党的八大、九大代表，后是河南省总工会副主席。第四个特点，提出了建筑文化，于是书中呈现出博物馆、科技馆、文化馆、美术馆等建筑，令人大饱眼福。第五个特点，西城美景有月季园。月季是郑州市花，郑州花容月貌，此园是基地。第六个特点，一幅1955年的郑州市规划总图，可见作者用心，图中有郑州近60年的岁月留痕。第七个特点，第一章中指出郑州铁路局，黄河水利委员会两个国派单位。2022年，郑州市的GDP达到12934.7亿元，而开封只有2657.11亿元。这一章，将中原区的前世今生说得一目了然。而每一改变，都是紧跟国家的脚步前行的，可见其治学之严谨。

这是序？这是读后感？好在我与郑州大学东军教授相识已久，令人难忘的是共同考察管城回族区，那天，我对区政府为装扮办公优美环境，将院一分为二，影响到3000年前的管国都府和唐代县衙遗址，颇有微词，教授唱和。

赵富海
癸卯年冬于郑州名门盛世寓所

前言

这里是故土,这里是我们共有的家园。

随着改革开放以来40多年轰轰烈烈的城市化,郑州,这座火车拉来的城市也悄然改变着,从纺织名城到商贸城,到今天的文化城、宜居城;从昔日的沙城到今天的绿城、花城,一座座建筑讲述着昨天的故事,描绘着城市的未来……

在这里,你会遇见一个个时代的印记!

对!是豫见!因为,这里是河南。

这里是郑州。

这里是中原区。

这里是中原华曦府……因为,这里一直是一片热土。

河南电建人曾经从这里走来,他们勤劳地工作,为郑州这座城市带来了光明。电建人不仅点燃了城市的万家灯火,也驱动了这座城市的机器,使纺织厂、二砂厂、煤机厂、电缆厂等马达轰鸣、高速运转,形成一首城市璀璨的交响乐章。今天,河南电建人也在为这座城市增砖添瓦,在城市更新中改善着城市的居住环境和品质,使城市更加美好。

　　我们热爱生活。

　　我们牢记历史。

　　我们脚踏实地。

　　我们创造未来!

目录
Contents

序 __ iv

前言 __ viii

第一章
西城故事

01 郑州西城 __ 002
02 城市规划 __ 006
03 西城美景 __ 016
04 建筑文化 __ 026

第二章
工业记忆

01 西城工业记忆 __ 054
02 西城工业遗产 __ 064
03 纺织之城 __ 086
04 河南电力 __ 092

第三章
建设者们

01 电力老厂的荣光 __ 104
02 广泛生活记忆 __ 114
03 老职工的回忆 __ 120

第四章

月季花开

01 郑州绿城 __ 156

02 月季公园 __ 160

03 朱屯村 __ 164

04 金水西路 __ 166

第五章

老城新生

01 城市的有机更新 __ 170

02 居住的风景 __ 176

03 城市：使生活更美好 __ 190

04 人间烟火、安居城心 __ 194

05 中国电建地产在中原 __ 198

参考文献 __ 212

后记 __ 213

第 一 章

西城故事

作为一个郑州人,提到郑州,你首先会想起什么?

是二七塔?老火车站?金水河?百货楼?亚细亚商场?还是棉纺厂?绿城广场?郑东新区CBD?是这些建筑?还是人物或事件?

这一幕幕场景就是一个个时代印记,它记录着城市的变迁和脚步,深深地刻在人们的心里……

郑州西城

01

展开这张 1970 年代的郑州市地图，我们可以清晰地看到横穿郑州的京广铁路把市区分为东部的行政区和西部的工业区两大区域，这个西部的工业区就是郑州人俗称的"西郊"。但西郊并不是字面意义的郊区，它是相对于郑州老城而言，是郑州西部工业区。因为 1949 年以前，铁路以西除了冯玉祥主政时期建设的碧沙岗北伐军将士陵园，就是村庄和田野，是名副其实的郊区。

从地图上看，西城沿建设路北侧鳞次栉比排列着五大棉纺织厂和密接周边的知名企业厂区，这些工业企业占据了西部半壁江山，我们故事里的主角和配角也闪现其中，那就是郑州电力修造厂和郑州市园林局苗圃。

西郊在行政上主要属于中原区，城市道路与铁路垂直或平行，形成路网。东西主要道路是中原路和建设路，城市道路以名山大川之山水冠名，如南北向的嵩山路、桐柏路、秦岭路等，东西向有淮河路、长江路、陇海路等，山水交织错落，不仅诗情画意且便于记忆。

郑州西部的中原区，从大的地理范围来看，位于京广铁路以西，南

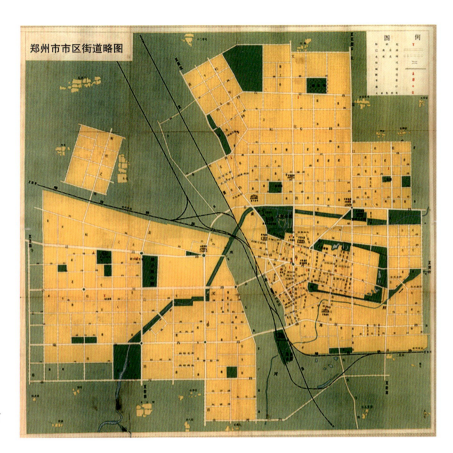

图 1-1　1970 年代郑州市市区街道略图

和西南毗邻嵩山、北依黄河，整个地势是西部高，东部低，西南高，东北低，即西南——东北倾斜，或局部南北向倾斜。最高海拔 149.2 米（须水乡白寨），最低海拔 98 米（石佛乡欢河村），相对高差 51.2 米。全区总面积内平原为 151.51 平方千米，占总面积的 78%，丘陵面积 41.49 平方千米，占总面积的 22%。

依河而建，是传统城市选址的普遍原则，郑州濒临黄河，因黄河没有航运，除供水和灌溉外，黄河与郑州的关系不大。郑州是个沿黄城市，但按照水利专业的流域划分标准，郑州不属于黄河流域，其中流经中原区的贾鲁河、金水河、须水河、索河、索须河大多为季节性河流,未流入黄河,亦属淮河流域。

这些河流与郑州西部关系密切,有着丰富的文化故事和自然景观。

贾鲁河:是以郑州历史文化名人贾鲁命名的河流,贾鲁河古称汴河、京水,元至正十一年(1852年)总治河防使贾鲁,征集民夫17万开挖疏通,害河变利河,郑州百姓感恩贾鲁之贡献,遂改称贾鲁河。它是流经中原区最大的一条河流,发源于密县的圣水峪和侯寨的冰泉、暖泉、九娘庙泉等。在尖岗水库汇集后,往东北流经侯寨、刘胡垌、须水等乡,绕西流湖,再经石佛、老鸦陈、至皋村折向东流,与东风渠交汇后,再经柳林、花园口、祭城入中牟,至周口市沙颍河,再入淮河。在中原区河道长约20.75千米,流域面积约54.61平方千米。

金水河:郑州人都知道城市中心区有金水河流过,行政区叫金水区,市区迎宾大道也叫金水路,金水河上的水上餐厅是郑州市的老标志性建筑,但"金水"之名何来?其实这条

图 1-2 贾鲁河

图 1-3 金水河

河俗名泥河，又名郑水，其形"蜿蜒如金带"，传统文化五行中按方位西方属金，此河因来自金（西）方，故名金水。金水河发源于侯寨乡胡河，北流经郭家咀、黄岗寺、后河芦等村，至耿河进入市区，经嵩山路、大学路、中原路，越京广、陇海铁路至大石桥，折向东与金水大道并行至燕庄出市区，再折向北，在八里庙西北入东风渠，全长约 27.6 千米。其流经中原区河道长 5.33 千米，流域面积 9.61 平方千米，目前是市区主要排洪排污河道，城市功能大于景观功能。

索须河：是两支河流的合称，其中索河发源于荥阳崔庙乡；须水河发源于荥阳县贾峪乡楚村，经马庄、白寨、柳沟水库、须水、贾寨、西连河至岔河村。两河在境内大榆林村汇合后称索须河。后东流与东风渠交汇后至花园口祥云寺，折向南入贾鲁河，河道全长 69.8 千米，在中原区河道长 4.28 千米，流域面积约 112.52 平方千米。索河全长 46.20 千米，在中原区河道长 7.88 千米，流域面积 6.4 平方千米。须水河全长 26.10 千米，在中原区河道 18.45 千米，流域面积 64.72 平方千米。

图 1-4 索须河

02 城市规划

郑州被誉为"火车拉来的城市",这只说对了一半,因为郑州在铁路修建以前已经是城市了,即郑县。但郑州确实与铁路有缘,尤其是1889年湖广总督张之洞督办修建卢广铁路,说服清廷,采用在郑县黄河段架桥跨越黄河的方案,黄河铁路桥和郑州火车站的修建,使郑州成为中国两大铁路动脉的十字交叉点。近代铁路的兴起,取代水路成为最具优势的交通运输方式,郑州和开封这两座古城,也因张之洞的决断而深刻影响到未来发展。1904年卢汉铁路建成,郑州站试运营,始建叫郑州站,从未叫过郑县站。1928年,郑州撤县建市,1953年河南省省会从开封迁至郑州,郑州成为"一五"至"三五"期间国家重点投资建设的新兴工业城市,郑州铁路局和黄河水利委员会是国家驻郑州的两个最大单位。2022年,郑州市的GDP达到12934.7亿元,而开封只有2657.11亿元,差距甚大。

图 1-5　1923 年的京汉铁路郑州火车站

图 1-6　郑州市中心火车站老站房

当代的中原区，经过70多年的建设，面积、人口、经济、交通、城市建设等方面均得到显著发展，不愧为"中原"这一称号。就区位而言，中原区位于郑州市区西部，东起嵩山路（含路东碧沙岗公园）与金水区、二七区为邻；西与荥阳市豫龙镇接壤；南与二七区马寨镇、齐礼阎乡搭界；北与惠济区的古荥、老鸦陈两乡相邻。南北长约17千米，东西宽约16千米，总面积193平方千米，其中城区面积25.86平方千米。中原区形成的历史并不长，是郑州市属6区之一，为县级。它的前身是郑州市第三区，1948年10月22日郑州解放，中共郑州市工委废除了旧的镇、保、甲组织形式，于27日前后在原豫丰镇基础上建立郑州市第三区。1955年10月，随着郑州城市建设的不断发展，管辖范围由老城区向西推移，郑州市第三区更名为郑州市建设区。1960年5月，城市人民公社兴起，郑州市建设区更名为郑州市中原人民公社。

1961年8月，城市恢复区、街建制，郑州市中原人民公社更名为郑州市中原区。从那时起到现在，中原区已走过62个春夏秋冬。中原区是建国后新兴的工业区。区划范围随着工业和城市发展不断由郑州老城区向西推移，郑州西郊逐步由农村向城市过渡。中原区行政区划经过多次调整，逐步形成今天的现状。

追随历史的脚步，可以从1948年10月开始，在当时第三区初建时，辖15个街政府（街公所），管辖范围是：东起南关，西至小赵寨，北起大同路，南至豫丰纱厂（现郑棉二厂）。南北长3.5千米，东西宽2.5千米，约8.7平方千米，人口9355户、37289人。

1949年12月，郑州市进行区划调整，三区管辖范围向西推移到铁路两侧沿线。铁路东至铭功路两侧、福寿街、敦睦路、南北乔家门及布厂街以西；铁路西至京广路两侧及郑州铁路除小赵寨一带，将原管辖的大同路以南至南关一带分别划归一、二区。1952年12月，郑州市组建了铭功路、蜜蜂张、乔家门、二马路、小赵寨五个街道政府，管辖人口

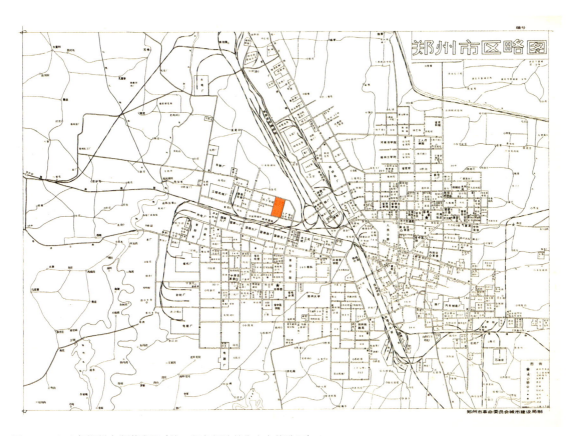

图1-7 1970年郑州市街道略图（注：红色标注处为电力修造厂）

12480户、45544人，1954年8月，又增设岗杜街政府。

1955年，郑州市进行机构改革和行政区划调整，2月时，将街政府改为街道办事处，到10月将郑州市第三区改为郑州市建设区。其管辖范围是铁路以西，西至三官庙，南起小赵寨，北至小孟寨、十二里屯，下辖蜜蜂张、岗杜、小赵寨、建设路四个街道办事处，形成早期中原区的雏形。同时，将原辖区的铭功路、二马路、乔家门三个街道办事处分别划归二七区和管城区。1956年4月又增设三官庙街道办事处。1958年8月，将岗杜街道办事处划归二七区，并将朱屯、冉屯等自然村划归建设区。其管辖范围是大学路及大学路以西，西至三官庙，南起伊河路两侧，北至火力发电厂，时辖大学路、碧沙岗、三官庙、纺织、中原西路、桐柏北路、绿东村七个人民公社。至此，中原区的规模基本确定，其中的朱屯村的名字第一次出现在本书中。朱屯村与郑州电力修造厂相邻，一起见证了中原区的时代变迁。

1960年4月，因时代变化，将大学路、碧沙岗人民公社划归二七区人民公社。同年5月，建设区更名为中原人民公社。6月，郑州市政府将原郊区的常庄、西岗、宋庄、柿园、大李、冯湾、洛达庙、百炉屯、南流、老俩

图1-8　河南省电力大楼

图 1-9　郑州西郊城市建筑

图 1-10　郑州锦艺城

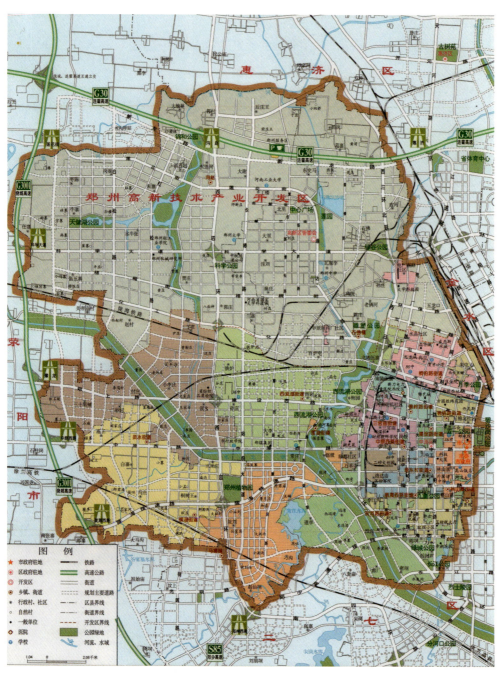

图 1-11 2022年中原区行政区划图（来源：《2020年中原区年鉴》，审图号：豫郑中原S [2021] 001号）

河、五龙口、北陈五寨等自然村划归中原人民公社，成立常庄分社。当时管辖建设路、三官庙、林山寨、桐柏路、纺织、绿东村、常庄七个分社。其管辖范围是东起嵩山路，西至常庄、大李村，南起李江沟、道李村，北至南流、老俩河村，人口18089户、159297人。

但仅仅一年多，到1961年8月，郑州市又恢复区、街建制，中原人民公社更名为中原区。同年10月，撤销了公社建制，恢复街道办事处，并将常庄公社大部分自然村划归市郊区，将原各公社管辖的农村部分组建成中原区农业公社。时辖建设路、三官庙、棉纺路、桐柏路、林山寨、绿东村六个街道办事处，一个农业公社。1962年5月，又增设秦岭路街道办事处，当时所辖范围是东起嵩山路，西至西流湖（不含柿园大队），南起颍河路（逐步发展至淮河路），北至火力发电厂，面积约26.4平方千米。1985年11月，又增设汝河路街道办事处。1987年3月，郑州市又进行区划调整，撤销市郊区、金海区，将须水、沟赵、石佛、大岗刘乡划归中原区，时辖建设路、三官庙、棉纺路、桐柏路、林山寨、绿东村、秦岭路、汝河路八个街道办事处，中原、须水、沟赵、石佛、大岗刘五个乡，形成了今天的管辖范围。

1991年初，中原区辖八个街道办事处135个居委会，五个乡81个行政村。1994年3月，经河南省人民政府批准，撤销须水乡，设立须水镇。1997年2月，撤销石佛乡，设立石佛镇。1998年沟赵乡沟赵行政村调整为沟赵、堂李、东连河三个行政村。

2000年1月，大岗刘乡撤销罗寨行政村，设立段庄、郭厂两个行政村。2000年11月，街道办事处所属居委会调整，三官庙街道办事处由13个调整为17个，林山寨街道办事处由24个调整为22个，桐柏路街道办事处由20个调整为25个，绿东村街道办事处由15个调整为19个，秦岭路街道办事处由16个调整为17个，汝河路街道办事处由12个调整为25个，建设路街道办事处11个、棉纺路街道办事处24个保持不变。2022年，据全国第五次人口普查资料显示,中原区辖区面积193平方千米,总人口175921户、578400人。中原区辖建设路、三官庙、林山寨、棉纺路、桐柏路、绿东村、秦岭路、汝河路八个街道办事处,160个居委会;中原乡、大岗刘乡、沟赵乡、石佛镇、须水镇三乡两镇84个行政村224个自然村450个村民组。

物换星移几度秋。郑州西部中原区也随着时代变迁而风雨兼程,大批国企因改制和调整、合并,有些迁出城区,进入开发区;有些停产、重组,老纺织工业基地昔日的辉煌不再,大批纺织女工把青春献给了企业和这座城市,在默默无闻中沉寂在这座城市的繁华之中。二砂、郑煤机、国棉三厂等老工业企业,成为国家或郑州市的工业遗产,老厂房被保护和改造再利用,成为城市的文化记忆。

图 1-12　1970年代西郊街景

图 1-13　输电线安装

图 1-14　第二砂轮厂鸟瞰

图 1-15　河南电力调度楼

03 西城美景

郑州市中原区，郑州人心目中的西城，不仅是工业区，也是郑州市政府的所在地，有着自然、历史和人文景观的城市建成区，经过70多年的建设，有着众多时代印记，形成了西城美景。西城是新建的工业区，没有老城，但历史上的"郑州八景"，其中两景与中原区有关。

中国许多历史古城都有八景之说，形成八景文化，如开封的"汴京八景"、洛阳的"洛阳八景"，考察郑州八景，最早的记载见于乾隆十一年（1746年）知州张钺主修的《郑州志》（刊刻于乾隆十三年）。《郑州志》在卷首刻绘了郑州八景图，并分别配以张钺手书的七言绝句各一首，分别歌咏了"凤台荷香""龙岗雪霁""梅峰远眺""古塔晴云""卦台仙景""海寺晨钟""圃田春草""汴河新柳"八景。在卷十二《艺文志》中，又收录了他的八首五言律诗，诗歌命题与卷首八景图同。民国五年（1916年）的《郑县志》，又收录了光绪年间郑州学正朱炎昭关于郑州八景的七言律诗八首，此时与张钺八景诗的创作时代已相距百有五十余年，然而诗题与张钺所咏八景完全相同。说明在这一个半世纪里，郑州一直以凤凰

图 1-16　西郊中原路街景

台、龙岗、梅山、开元寺塔、八卦御风台、海滩寺、圃田、汴河作为郑州八景。

然而，同是民国五年的《郑县志》，与朱炎昭同时代的郑州诗人司星聚，却创作了与朱炎昭诗内容迥异的八景诗，分别为"簧墙春柳""南池荷风""熊桥芦月""北冈林雪""奎楼夕照""吕阁晨钟""西城烟树""金水晴波"。这是郑州最早以簧学（文庙）、梁家湖、熊儿河桥、紫荆山、奎楼、吕祖轩、西郊、金水河作为郑州八景的诗。如果说，张钺、朱炎昭所咏八景可以称作郑州老八景的话，司星聚所咏八景可以说是郑州新八景。

这新八景中的"西城烟树"和"金水晴波",从中可知晓历史上西城的美景,且影响至今。

其一的"西城烟树",正是指烟光绕树树连城,郁郁葱葱一带横。暗杂晨炊飘断续,浓遮午日失阴晴。林端隐堞高笼雉,叶底如簧细啭莺。偶向夕阳楼上坐,喜看画图听人声。

该诗颇有神韵情致,反映了郑州绿城的根底与传统,其核心就是个"绿"字,描画了当时郑州自然生态状况的美好。此诗题为"西城烟树",诗人便紧紧围绕"烟树"二字作文章。"烟光绕树树连城"总领全诗,一绕一连,便将"烟""树""城"融为一体,只有寥寥七字,便勾勒出一幅树木繁茂、烟雾缭绕、古城崔巍的美妙图画的基本轮廓。以下五句,是对整体画面的补充完善,"暗杂晨炊飘断续"是对"烟光绕树"之飞白的加工渲染,"郁郁葱葱一带横""浓遮午日失阴晴"是对葱茏林木线条勾勒的点垛皴擦,"林端隐堞高笼雉"是对"树连城"的细描,"叶底如簧细啭莺"是对"树连城"的点睛。最后一联与前三联相比稍嫌乏力,但"喜听人声"一语却又顿觉生动,未见人而闻其声,与古人"深山藏古寺""云外一声鸡"的诗句有异曲同工之妙。

其二的"金水晴波",是指当时的城区(管城)环抱绕金河,潋滟晴光涌绿波。两岸空明云影淡,满川摇动日华多。苹州晒网听渔唱,柳树飞桥有客过。悟得沧浪清浊意,聊将一曲和高歌。

金水河发源于郑州西南梅山北麓,是环抱管城绕城而过的外河。随着城市的发展,今天已经成贯穿今郑州中原区、金水区和管城区的一条内河了,成为郑州市重要的城市景观。据元人《贾氏说林》记载,"金水"二字的来源是因纪念子产而得名:子产死,国人哀之,丈夫舍玦珮,妇人舍珠玉以赙之,金银财宝不可胜计;其子不受,自负土葬于邢山;国人悉辇以沉之河,因名金水。"金水晴波"被司星聚列为郑州八景之一,在他眼中金水河是那样美好:绿波潋滟,日华闪烁,渔舟唱晚,岸柳含烟,飞桥似虹,游人如仙。诗人面对清泠的河水,由金水之清想起子产之清,复由子产之清想起古老的孺子歌来,于是便顿悟了孔子所谓"清斯濯缨,浊斯濯足"和孟子所谓"人必自侮,然后人侮之;家必自毁,而后人毁之;国必自伐,然后人伐之"的深刻含义,暗示为人处世只有清廉自守方能不受毁侮。

从"西城烟树"和"金水晴波"的古典诗意到当代城市节奏,西城的绿色没有改变,这个绿色集中在公园绿地和林荫大道,打造着城市的立体绿化,金水河两岸更是高楼林立,但滨河绿地花园般美丽。这些城市园林也是中原区历史记忆的重要场所。

1990年代后,西郊城市园林建设加快,原有的园林普遍拆墙透绿,园内绿地面积增大。境内各主次干道交叉口处和企事业单位及生活区多兴建游园,以供居民休闲娱乐。2000年,中原区辖区内的公园、游园有碧沙岗公园、西流湖公园、中原路游园、晚报社游园、化工路游园、市委东游园和裕达广场等。

图1-17 八景图示例

图 1-18 碧沙岗公园——铁血丹心碑亭

图 1-19 碧沙岗公园——烈士纪念碑

碧沙岗公园

碧沙岗公园是郑州人深刻的文化记忆，也是中原区的精神领地之一。公园周边环绕中原路、建设路、嵩山路三条市区主干道，与郑州市委、市政府隔路相望。其前身为北伐战争阵亡烈士墓地，冯玉祥取"碧海丹心，血殷黄沙"之意将陵园命名为"碧沙岗"，1956年2月至1957年4月改建为公园，1957年5月1日建成开放。1966年10月至1980年11月，碧沙岗公园改名为"劳动公园"。值得一提的是，"劳动公园"四个字是郭沫若先生亲笔题写的。1980年代初，碧沙岗公园重修了北大门，又恢复了原来的名称。这个重修的大门是简约的中式牌楼风格，典雅美观，色彩和谐，由郑州市建筑设计院周培南先生（他还设计了郑州老火车站广场东南角的黄和平大厦等著名建筑）设计，这个大门也成为1980年代郑州工学院建筑学专业学生建筑测绘的实例。

1986年，碧沙岗陵园被河南省定为省级文物保护单位，因为它是全国保存下来的面积最大、保存比较完好的一处北伐阵亡将士的烈士陵园。2008年7月，碧沙岗公园被命名为"爱国主义教育基地"。

碧沙岗公园占地23公顷，有三民主义烈士祠、中山公园、烈士公墓、官兵眷属公葬地等设施。

图1-20 郑州碧沙岗公园北门

图 1-21　西流湖公园

西流湖公园

西流湖，曾被誉为郑州人的"水缸"，原是柿园水厂的主要水源，也是郑州市大型人工风景区之一。原系贾鲁河谷，南北狭长，弯曲延展约6千米。1990年代前也是郑州小伙伴们暑假游水、划船之场所。这个以郑州主水源地命名的公园，位于西流湖东岸，东临西环道，北靠化工路。公园始建于1972年，占地125.2公顷，其中水面62.67公顷，绿地面积49.69公顷。西流湖依据新的规划被北陈伍寨坝分为南北两湖，北湖以游船为主，南湖两岸设有小风景区。园内有快哉亭和苍野亭两亭，牡丹园、万树园、百花园、甲戌园等四园，有坝楼远眺、朝曦晚霞、苍野望炊、柳荫垂钓、九曲赏荷、愚堤春晓、鱼蛙争鸣、腊梅争春等八大景。

图 1-22 郑州植物园

游园与城市道路结合，不仅美化了环境，亦增添了西郊居民的幸福感。

郑州植物园

植物园位于中原西路和西四环交叉口向南500米，西四环以东、防汛路以北，占地69公顷（1035亩），2009年4月30日正式开园，是集科学研究、科普教育、引种驯化、休闲娱乐为一体的大型植物公园。

园区东部，以植物品种的收集和展示为主，有月季园、牡丹芍药园、乡土植物园等十五个专类园；园区西部，以植物科学应用为主，体现"寓教于乐"，有儿童探索园、盆景园等十个专题园，此外，还拥有"花海迎宾""象湖揽璧"等八大景区共30余个景点。

晚报社游园

晚报社游园位于陇海路与文化宫路交叉口北，晚报社家属院南，始建于1988年，总面积1800平方米，其中道路166平方米，绿地1600平方米。园内种植桧柏、法青、广玉兰、百日红等常绿及落叶乔灌木16个品种，是一个集观赏、休息等多功能为一体的开放式小游园。

郑州在1980年代以前被称为"绿城"，城市主干道高大的法桐遮天蔽日，中原区的城市绿化工作，随着城市建设的发展而更上一层楼，体现了"路修到哪里、树栽到哪里"的同步效应。1991年后，中原区绿化建设标准普遍提高，各类树种不断增多，冷性草和各种花草亦被广泛采用，加之拆墙透绿工程的实施，使城市道路基本实现四季绿常在、三季花烂漫。

1991年，全区新建了环翠峪荒山植树造林、黄河游览区、梅园、市第三苗圃等绿地，并组织了三次全市花展，其中郑州市第八届月季花会在绿城广场举办。为迎接郑州"国际少林武术节"和国庆节，全区组织65个单位在四条主干道、中原路四角游园布展24个点，摆放草花6.4万盆。这一年，中原区创市级花园式单位六家、区级花园式单位六家。1993年，全区重点建设了黄河游览区、环翠峪风景区、黄河大观等八个重点绿化工程，组织市三次花展，全区共参展7.8万盆，草花在市内五区奖评中获得第一名，月季花获全市第一名。

雕塑公园

郑州市雕塑公园位于郑州市西北部贾鲁河两岸，化工路以北，东临西三环，南接西流湖公园，西、北与郑州高新技术产业开发区相连，是一座以雕塑为主题的城市公园，由雕塑艺术馆、水中栈道、童趣乐园、极限运动场等功能组成，具有中原文化内涵。2014年12月30日建成开放，占地面积35公顷。郑州市政府和中国雕塑学会以人与自然为主题，举办中国郑州国际雕塑展，向全球征集作品，2019年已有90件优秀作品入园永久陈列。如公园正门前的"中之舞"雕塑，造型简洁，中字柱与玄鸟幻化一体，如图腾柱般隐喻中原和郑州昂扬的气势，展翅奋飞。园内"人与自然"雕塑以抽象的符号，将雕塑与人的参与相结合，登阶而上，穿越思想的空门，虚实转换，引人哲思。

图1-23 雕塑公园鸟瞰

图1-24 "中之舞"雕塑

图1-25 "人与自然"雕塑

04 建筑文化

谈到建筑文化，离不开城市，因为对大多数"建筑"而言，都是以"城市的建筑"这一方式存在着。人类历史上营造城市和建筑是一种文化行为，两者在发展过程中密切相关。城市不仅是自然环境和人工环境的集合，也是每一幢建筑所处的最密切的文化环境。城市文化作为一种独立的、复杂的社会实体文化形态，是市民精神生活和物质生活的总和。因此，强调城市与建筑的关系具有文化和社会的双重意义。郑州西郊的建筑文化也随城市的建设、发展而逐步形成，在自然、社会和经济等因素作用下，其城市与建筑文化形态具有以下几方面的特性：

一是集中性：城市在居住、财富、信息、权力等方面的集中，使城市文化更具社会化，它涵括面广、凝聚力强，这就为建筑文化的发展提供了舞台、资金、使用者和观众。尤其是当代世界城市化的迅速发展，使集中性日益突出，除人口和生产的集中过程外，还包括与此相适应的社会文化和心理的形成过程和影响，即城市生活方式、组织体制、价值观念等特征的形成。这种高度集中使城市的功能日趋复杂，结构日趋脆

图1-26 龙源大酒店

弱，这明显地表现在城市生活环境的质量方面——自然环境和人工环境的矛盾所造成的城市危机：人口膨胀、交通拥挤、污染加剧和精神危机等。其中任一危机的恶化，足以打破整个系统的平衡，造成一系列的连锁反应。所以，这不仅需要在城市规划和单体建筑的协调方面予以重视，更需要用文化的方式加以解决。因为，现代化的本质不仅在物，尤其在于人的精神，这是城市文化集中性的要求。《马丘比丘宪章》中指出："新的城市化概念追求的是建筑环境的连续性，意思是说每一幢建筑物不再是孤立的，而是一个连续中的一个单元而已，它需要与其他单元进行对话，从而完成其自身的形象。"从人类城市发展史上，我们同样能够得到启示，正如美国著名现代建筑师沙里宁所说："在中世纪的城镇中，防止城市衰败不仅仅要依靠单体房屋的健全，还要在很大程度上依靠这些房屋能恰当地协调而组成有机整体……因为我们已经知道——一个有生命的有机的构造形式。"现代城市所面临的是城市与建筑的关系问题，而由此所产生的文化上的结构关系，正是认识建筑文化的内在依据。

二是层次性：城市文化是一个多层次、综合、复杂的统一体。法国历史学家莫里斯·埃马尔指出："城市是一些纵横交错、布局密集的空间，是按照虽不成文但人人均需严格遵守的一套一定之规部署的，这些反映在城市生活各个层次上的规定，决定了文化的复杂性。"从城市文化精神和物质的表现形式及关系上分析，可分为三个层次：一是社会意识、制度、宗教等；二是社会生活、风俗、习惯、审美等大众文化；三是前两者的物化，不同层次有自己不同的功能和目标，使城市文化具有动态关联的特点。建筑就存在于这第三层次的文化结构中，反映着社会和大众的物质生活和精神生活需求，同样，在服装、交通工具、广告、产品包装、艺术表现等方面也有所体现。工业革命前的城市以宗教、政权等纪念性建筑为主，可以说是贵族式的或少数人的建筑。而现代建筑运动强调建筑的使用功能，主张"形式追随功能"，提倡工业生产，体现了对学院式形式主义和折衷主义的反叛，使现代建筑更好地适应了现代生活对不同使用行为的不同要求。这种强调功能的实质是强调人——使用者的重要性，并把建筑从艺术的宝座上推下，使其面对大众，其社会意义尤为深刻。如现代建筑运动的先驱们试图通过工业化方式解决城市大众的居住问题，以达到改造社会的目的。今天的建筑师要面对大众，就要通过大众媒介去了解大众需要什么。这样做，也可

图1-27　杜康大酒店

图1-28　豫纺宾馆

图 1-29 万达广场

图 1-30 原御花园酒店

能会使建筑师的创作陷入一种误区：要么迎合大众口味，体现某种"时尚"；要么过于激进，不能起到引导大众改变观念、提高认识的作用，即对"创新"的标准难于准确地把握，以谁为参照呢？所以，必须面对文化的层次性这一现实，对大众文化给以正确评价。像郑州西郊这样一个新兴的工业区，没有可回归的共同文化，但通过几十年的建设和积累，尤其是工业文化的兴起与发扬，不同性质的、多样的文化正在逐步形成一种新的共同的现代城市文化。

三是商业性：贸易本身就是城市形成的原因之一，工业化的发展、商品经济的影响渗透到社会生活的每个角落。而人作为文化的核心，城市生活高度的差异性和异质性，使生存的含义发生了变化，在以商品生产和消费为主的生活中，城市人彼此作为高度分化的角色相遇。所以说"在一个城市里，市民们懂得，一个人要得到什么样的声望，就需要什么样的象征，因此，服装穿着、风度、汽车和其他可见象征物必须要精心挑选"。这一切同样影响到作为城市文化外壳的建筑创作。潜在的买卖关系，使建筑设计的艺术性减弱，商业性增强，"谁拿钱谁说了算"的现象并不少见。建筑实质上成为人的本质的一种对象化。

城市中不同区域、不同建筑内形成了不同的文化环境。随着城市建设和商品经济的发展，商业中心取代了前工业城市具有宗教职能的场所或纪念性的广场，成为现代化城市生活的中心和人们接受现代生活的场所，如郑州西郊的万达广场、王府井等商业中心的繁荣给城市带来了经济和社会效益，但随之产生了交通拥挤、城市整体景观尺度不协调的问题，如果处理不当，会形成商场内部的有序与外部广场无序的强烈反差。现代商业建筑中共享中厅、自动扶梯及大玻璃幕墙等设施被大众迅速接受，成为现代生活的象征，后起的商场更是变本加厉地仿效。这种一味求大求洋的做法，在一定程度上反映了城市建筑文化的迷失。

近年来新兴于西郊的"小店面"装饰，形式多样、争奇斗艳，成为城市环境中不可忽视的文化现象。在美化和丰富了街道景观的同时其商业性、广告性、超前性的特点，暗示了商品以外的东西：身份、地位、价值观、审美等，本质上强调了消费，刺激人们对生活的新需求、新表现。

四是地域性：城市文化作为一种历时性的过程，由于地理位置、气候条件、生产生活方式的差异，历史性地形成了不同的地域文化。不同的地域文化又有着不同的特色，如传统民居建筑，南方与北方、汉族和少数民族就有着显著的差别，它们共同形成了中华民族建筑文化的风格，同时，又有其各自独特的生命力。城市文化的地域性在于文化上可以认同的居民及自然史形成的人类不得不接受的环境条件和一种历史文化空间。这是城市文化产生认同感、归宿感的基础，也是城市个性形成的根本原因。

虽然现代化的传播手段使当代生活具有更多的共性和世界性色彩，但这并没能完全取消各个地区的独特文化，相反，还刺激了各地区的城市文化向更具有地域性的现代化方向发展。在建筑文化中体现地方性、文脉等特色，就是对城市地域性的追求。像郑州、开封、洛阳这三座相距不远的城市，虽同处于中原文化的腹地，却有着各自不同的自然环境、历史沉淀、人文景观、风俗习惯、宗教信仰、方言等差异，保持着鲜明的地域文化特色。这就是现实对创造有特色的城市、打破"千篇一律"的要求，这不仅是郑州西郊建筑文化发展的希望，也是西郊建筑文化现代化的必然。

五是辐射性：城市文化在交流和发展中呈现着远离传统，趋向共通性的势头，并对城市四周辐射。这种文化形态的横向运动，主要是由于城市和乡村文化上的对立和不可分割；其次是由于各地区间、城市间发展的不平衡；再者由于文化上的交流、传播和融合。如我国黄河流域形成的文化体系辐射到整个中国而形成了中国文化区；某些要素传播到朝鲜、日本便形成了文化区的复合带。近代史上西方文化随军事、宗教和贸易手段的传播，在我国沿海城市形成了租界区建筑，以及当代沿海开放城市文化对内地的渗透等，这种辐射是相互同化的过程。郑州西郊只有不断增强自身文化的软实力，使其自身良性循环，才能在平等、互尊的基础上，取百家之长，为我所用，这也是建筑创作中对待外来文化的态度。

没有现代化城市，就不可能有现代化建筑，两者相辅相成。所谓建筑文化上"后现代主义在中国兴起"并不意味着现代建筑在中国已成功发展，相反，我国城乡差别依然存在，城市化的进程有待进一步提升。作为当代中国城市文化在建筑中的一种表现，正是由于后现代主义在理论上转向历史和文脉，强调共享和高消费等因素，与"寻根热""旅游热"及城市商品经济的热潮相吻合。所以，对文化的追求本质上是对文化的超越，这与消费的超前是两个必须分清的概念。但在现实中，却存在着大量脱离实际的现象，如盲目大量使用玻璃装饰的建筑与仿唐、仿宋、仿清的"时髦"商业街。因此，只有立足于国情、立足于城市文化建设，我们的建筑文

图 1-31 郑州市博物馆新馆

图 1-32 高层住宅成为城市街道的主要景观

图1-33 华盛顿国家美术馆东馆

化才能真正得以提高。

如果一种建筑形式可以表达一种造型的世界观、信仰和文化，那么城市建筑格局的变迁、风格流派的兴衰及超高层、巨型综合体、共享中庭等建筑新形式的出现便能在城市文化中找到其深刻的社会、历史背景。华裔建筑师贝聿铭设计的华盛顿国家美术馆东馆的成功，从文化意义上讲，其建筑的几何形态、尺度、轴线关系、空间组合方式得到了城市文化的认同，反映了现代美国城市文化的特质。

城市建筑文化的五个特征，存在着相互依存、相互影响、相互渗透的关系，不能孤立地、机械地对待。城市对建筑文化的影响具有综合、多共时等特点。建筑师的创作离不开对城市文化的深刻理解和把握，活生生的现实生活永远是建筑创作的源泉。而对每个时代的文化来讲，生产方式的改变，导致生活方式的变化，必然成为推动文化改变的动力。同时，文化的改变也是一个复杂的建构过程，其本质是无法仅仅通过现象进行把握的，本质与现象对立统一的关系，只能通过现象看本质，在现象与现象的特点关系和历史发展中看本质，这是我们研究建筑文化的基本态度。

今天，我们能够"豫见"郑州西郊的建筑和文化，只有从城市与建筑的关系入手，从"文化"角度寻求新的理解与建构，才能更好地认识建筑文化的复杂性、多样性和关联性，增强科学判断力和预见性，减少盲目性和局限性，促进郑州建筑文化的发展。

当代郑州西部有不少优秀历史建筑遗存，这些建筑遗产成为城市文化的载体，成为中原区的历史文化记忆。就建筑的分类而言，一般分为两大类：工业建筑和民用建筑，民用建筑又分为公共建筑和居住建筑。由此，中原区的建筑类型可谓种类齐全，应有尽有。

工业建筑成为中原区的特色和主体，是郑州工业之城和纺织之城的标志。

公共建筑还可以分为若干类型，如行政建筑、商业建筑、教育建筑、医疗建筑、影视建筑、交通建筑、宾馆建筑等类型，中原区均有其代表性建筑。

郑州市委、市政府办公楼

郑州市委、市政府办公楼位于中原路中段南侧,于1960年1月施工,1965年10月竣工。建筑主体工程共七层,总高度29.2米,是郑州市第一栋带电梯的建筑。建筑立面总体为灰白色,对称式设计,首层为外挂大理石装饰,第七层有灰色石雕装饰,建筑风格庄重大方。主楼北立面设有一个两层高的门廊空间,强调了建筑的中轴线,形成丰富的光影变化和视觉重点,具有鲜明的时代特色。

图1-34 郑州市委、市政府办公楼

第一章 西城故事

郑州大学南校区、东校区

西郊二七区大学路上有郑州市最知名的两所大学,即郑州大学和河南医科大学,2000年新郑州大学成立后,这两所大学成为郑州大学南校区和东校区之所在。

原郑州大学建于1956年,是新中国成立后河南第一所综合性大学,成为河南各行业人才培养的摇篮,目前郑州大学的校友已超过100万,遍布全世界。南校区校园优美、环境怡人,仍保存有历史价值和代表性的建筑15处,主要包括位于东门两侧的老化学楼等五栋三层苏式建筑,位于文科院的老文科楼、老行政楼,东、北两处大门,学习堂,小礼堂等,建成时间在1956年至1986年之间。这些建筑已成为新中国成立以来河南高等教育发展的历史见证。

图1-35 郑州大学东校区医学实验中心

图1-36 郑州大学南校区图书馆

图 1-37 郑州大学南校区北门

郑州大学第一附属医院

郑州大学第一附属医院历史悠久，可以追溯到1928年9月原河南中山大学医科，1930年医科改为医学院，1931建立省立河南大学附设医院，1942年更名为国立河南大学附属医院，1952年更名为河南医学院附属医院，1958年从开封迁址郑州并更名为河南医学院第一附属医院，1985年更名为河南医科大学第一附属医院，2000年原郑州大学、郑州工业大学、河南医科大学三校合并，医院正式命名为郑州大学第一附属医院，成为集医疗、教学、科研、预防、保健、康复为一体的三级甲等综合医院。

郑州大学第一附属医院现有河医院区、郑东院区、惠济院区、南院区四个院区，实行四个院区差异化发展、同质化管理、标准化建设和规范化运行。西郊的河医园区高楼林立，其中的1号病房楼平面呈半圆弧型，功能合理、造型简洁，是20世纪90年代初由天津大学建筑设计院设计，成为西郊的标志建筑之一。

河南省工人文化宫

河南省工人文化宫位于郑州市建设西路125号，1956年建设，占地10公顷（150亩），其中包括体育中心，配套设施齐全，为郑州市西区全民健身、各类竞赛和业余训练的重要场所。现在成为西郊的一个开放性的体育公园。

郑州市青少年宫

郑州市青少年宫创办于1980年，位于绿城广场北侧，是青少年学习科技文化知识、健康成长的重要场所。整个建筑由原建筑和扩建综合楼两部分组成。原建筑造型方正，外观虚实对比，富有节奏感；扩建部分南立面为斜面，呈半圆形，具有动感，直线与曲线的结合，体现了青少年宫朝气蓬勃的特色。

绿城广场

绿城广场是郑州市最大的综合性广场,也是郑州西郊的标志。绿城广场位于城市核心区,是重要的城市多功能、开放性的广场,周边有市政府、科技馆、博物馆、电业局、青少年宫等多个西郊标志性建筑。围绕广场,形成了城市优美的天际线和动、静变化的公共空间,展示了城市生活的一幅幅优美画卷。

图1-38 河南省工人文化宫体育场

图1-39 绿城广场

图1-40 郑州大学第一附属医院

图1-41 郑州市青少年宫

图1-42　郑州市博物馆

图1-43　郑州市科技馆

郑州市博物馆

郑州市博物馆位于嵩山南路，市政府东侧，是一所地方综合性博物馆。总占地面积0.99公顷（14.8亩），建筑落成于1999年，总高度24.3米，建筑面积14200平方米，建筑内部设置可自然采光的中庭。建筑以商代青铜方鼎为原型，配圆形碟状屋顶，取"天圆地方、鼎立中原"之寓意，融历史文化与时代精神于一体，造型沉稳、凝重。博物馆的造型体现了中国古人"天圆地方"的观念，建筑外立面采用表皮肌理处理的设计手法，装饰构件采用了商代早期方鼎上的乳钉纹、饕餮纹等纹饰，别具郑州地域文化特色的象征。还值得一提的是，这块建设基地作为新中国成立初期的郑州城市规划中规定的文化用地，在市政府边上作为绿地，一直保留了50年，其间不少单位想打这块地的主意，最终依据城市规划建设了博物馆和科技馆，也可算一个城市规划史上的奇迹。

郑州市科技馆

郑州市科技馆位于中原区嵩山南路，市政府东侧，市博物馆北侧，处在市内交通主干道中原路与嵩山路的交会地带。科技馆于2000年4月29日开放，总占地面积7350平方米，建筑面积8426平方米。建筑采用网架结构，主楼顶部为波浪式屋顶，寓意科学技术如长江后浪推前浪，不断前进。北侧圆锥形的建筑，高41米，象征现代科技如雨后春笋，蒸蒸日上。

商业大厦

商业大厦曾经是西郊商业建筑的标志，位于碧沙岗公园西侧，是

1980年代西郊规模最大、综合性最强的商业综合体。建筑主立面向北，临着建设路，外墙为米黄色面砖，主入口上部为倒梯形的深茶色大玻璃墙，具有大尺度建筑的沉稳和现代建筑风格。21世纪初被拆除，曾经是西郊郑州商业建筑辉煌时代的印记。

郑州裕达国际贸易中心

郑州裕达国际贸易中心大厦是西郊新世纪的标志性建筑。该项目按五星级标准设计，由写字楼、酒店、商场、娱乐中心组成。其位置显赫优越——毗邻市政府及城市中心广场的绿城广场，由我国台湾著名建筑师李祖原先生设计，呈双子塔组合形式，始建于1995年年底，曾是中原地区档次最高、设施最先进、功能最完善、具有国际水准的综合性物业发展项目。A座为5A级智能写字楼，B座为五星级商务酒店，为用户提供高标准的先进、舒适、协调、安全的办公和休息环境。

中心占地总面积达3.87公顷（58亩），总建筑面积16万余平方米，主楼共49层（包括地下层），高222.1米。大厦结构为筒中筒环形结构，大开间格局，可视客户需要自由分割，视野及采光性好，最大限度地创造出宽敞舒适的办公环境。

图 1-44　郑州裕达国际贸易中心入口

图 1-45　郑州裕达国际贸易中心大堂

图 1-46　郑州裕达国际贸易中心外墙细部

图1-47 郑州裕达国际贸易中心外观

郑州美术馆新馆

郑州美术馆新馆位于中原区西部丹水大道和长椿南路交叉口。郑州美术馆新馆、档案史志馆，与郑州博物馆新馆、郑州大剧院共同组成未来的"文博中心"组团。

在建筑的赋形上，郑州美术馆新馆用一个大尺度、有力度的完整形体来契合规划结构，与周边的两大主要建筑形成对等的体量并产生对话。设计以抽象的形态回溯地域文化，原型的由来从当地的商周艺术品和中原历史建筑中探寻华夏原始审美的形态共同点，营造一种"神似"的意象。建筑的生成过程，即是模糊的意象原型在场所中的转化和落位过程中逐渐清晰固化的过程。在建筑东南主入口处灰空间，设计打造了一个标志性的大斜扭面，对外引导来自博物馆方向的公共人流，对内塑造了一个不同角度富有微妙变化的建筑入口形象。

在面向城市广场的建筑东立面，设计塑造了一个通透巨大的索网玻璃幕墙，在中庭中形成巨大的框景，展现东侧城市广场中熙来攘往的空间景观。美术馆新馆与档案史志馆在空间上组合成一个整体，设计依照两馆的独立功能清晰明确地切分为两个体量，在一层底座和顶部屋面板处将两馆相连，在形态上锚固成一座整体，同时形成中部的城市公共空间。建筑外立面采用暖灰色预制混凝土装饰板作为立面主材，整体色彩携带地域文化元素的基因，但通过现代化的处理提升又呈现出了崭新的面貌。条纹肌理使得建筑在大尺度的形体之下保持粗粝质感的同时，兼具了近人尺度的细节。立面开窗采用参数化演绎的渐变表皮肌理，取意于河南巩义石窟中凿刻过的历史痕迹，也如青铜器的铭文一般为建筑形体增添精致层次。

美术馆通过中庭组织空间，与外部扭面形体对应的外倒斜墙与栈道意象的楼梯结合，拾级而上，随着层数的升高，空间愈发宽敞开阔，随着时间推移，顶部天窗洒下的光影不停转变角度，打破了传统美术馆沉闷的环境和充满人工采光的"黑匣式"观展氛围。档案史志馆因为功能特征所限，公共人流被限制在南侧较小的活动区域，设计通过斜边的引入，营造了一个峡谷意象的公共空间序列，各层楼板层层递退，小中见大，结合墙面的灵活开洞和顶部线性天窗的光影形成空间氛围上的节奏感。

图1-48 郑州美术馆新馆

郑州奥林匹克体育中心

郑州奥林匹克体育中心，位于郑州市常西湖新区，中原区西四环东50米，郑州植物园北侧，2016年11月1日开工建设，占地483亩，总建筑面积为58.4万平方米，地上11层，含体育场一座、甲级体育馆一座、甲级游泳馆一座。是河南省投资最大、体量最大、功能最全的大型体育中心。

2019年6月25日，郑州奥林匹克体育中心主场馆全面竣工。

2019年9月8日晚，在此举行了中华人民共和国第十一届少数民族传统体育运动会开幕式。该中心获得了多项设计和工程奖项和荣誉。

该中心具有功能的合理性、造型的文化性和结构大跨技术的创新性等特点。在总体布局上三个场馆呈"品"字形，合理解决了人流疏散和交通组织问题。造型上体现了"天地之中"和"黄河之水天上来"的文化意向，通过轴线围合、直曲对比、虚实变化等设计手法，形成了中原建筑大气、雄深的文化特征。

郑州奥林匹克体育中心主场馆体育场可容纳6万人，座椅均由红、橙、灰三色组成。建筑外侧采用金属屋面、阳光板封闭，从外看奥林匹克体育中心和其他两个场馆像是闪耀的巨型玻璃体，镶嵌在南水北调渠附近，一同组成了郑州新的体育建筑群。

郑州奥林匹克体育中心在技术上采用全球最大跨径，最大悬挑的大开口车辐式索承网格结构，设计最大跨径311米，最大悬挑54.1米。其中，环向密封拉索直径为130毫米，单个索夹重达6.5吨，均为中国国内之最。"一场两馆"的钢结构总计使用钢材4.7万吨，用钢量相当于再建一个"鸟巢"，但是与"鸟巢"全钢结构顶棚不同，郑州奥林匹克体育中心采用了"三角形巨型桁架+立面桁架+网架+大开口车辐式索承网格"的组合结构体系。

体育馆位于郑州奥林匹克体育中心的东北方，地上四层，为大型甲级体育馆，总座席数1.6万座，其中，固定座席约1.5万座，临时座席约1000座，可举办国内综合性运动会和国际单项重要赛事。

游泳馆位于郑州奥林匹克体育中心的东南端，地上三层，为大型甲级游泳馆，设固定座席3100席。比赛大厅内设有标准比赛池、短道池，训练大厅内设有训练池。郑州奥林匹克体育中心地下设计全民健身及商业区，主要有冰场、电影院、商业街、美食广场、运动超市以及酒店宴会中心。

在新世纪全民健身的大背景下，郑州奥林匹克体育中心的建设，完善了城市功能、展示了郑州城市新形象，为广大市民提供了优美的健身、休闲和体育交流的场所和环境。

图 1-49　郑州奥林匹克体育中心

居住建筑

进入21世纪,西郊城区建设跨入了快速发展时期,其显著特点表现在:居住改变中国。

城市住宅建设对居民生活和城市形象影响巨大。1983年经市政府批准,在西郊西南城乡结合地带建起汝河小区,建设用地0.2平方千米,入住居民4266户。接着在汝河小区以东建起桐淮小区,汝河小区以南兴建万福花园小区,汝河小区以西华山路南段建起华淮小区。在城区西部,中原西路和西环路交叉口西北角,建造湖光苑小区,规划建筑面积24.1万平方米,住宅面积22万平方米。岗坡路西段路南建起华山公寓,华山路以东、中原西路以北先后建起世纪馨花园、正大公寓等居住小区。在城区北部桐柏路东、西两侧开发建设开元小区、嵩岳小区、西站路住宅小区、新世纪居住小区。在城区中部桐柏路中段、绿东村以东建起绿苑居住小区,桐柏路中段路西原第二橡胶厂建成富田花园居住小区。雨后春笋般的住宅区建设,借着城市化和房地产发展的东风,迅速改变着中原区的城市风貌,使其不断向现代化发展。

高层建筑

不断向高空发展是城市发展的显著标志,郑州西郊的高层建筑如雨后春笋般节节攀升。

1990年位于郑棉一厂生活区的杜康大酒店建成,楼高17层60米,是当时中原区第一幢高层建筑。

1992年郑州热电厂塔式住宅楼动工兴建,楼高17层55.5米,可安排136户居住,是中原区第一幢高层住宅楼。其间,先后建成泰隆大厦(20层)、龙源大酒店(24层)、金鑫大厦(28层)等高层建筑,其中裕达国贸楼高45层,成为中原地区标志性建筑。

图 1-50　湖光苑小区

图 1-51　华山公寓

图 1-52　帝湖花园小区

图 1-53　汝河小区

图 1-54　西站路小区

图 1-55　郑州热电厂小区

第 二 章

工业记忆

工业建筑遗产见证了郑州西郊大发展时期的生活，工业生产活动在创造大量的物质财富的同时也丰富了人们的精神财富，承载了广大劳动群体难以忘怀的人生经历，成为一个时代劳动者的认同感和归属感的基础，形成了特定的时代印记。

西城工业记忆

01

郑州西城工业的成长史就像一部轰轰烈烈的电影大片,雨后春笋般成长起来的各类企业,犹如工业的百花园,争相斗艳,各俱实力。但其中,"男一号"当之无愧的是第二砂轮厂,砂轮被誉为工业的牙齿,要多硬有多硬。"男二号"当然是郑州热电厂,发光发热到现在,挑战男一号位置。而"女一号"当仁不让的是五个响当当的国营棉纺织厂这个姐妹群,好似五朵金花,一厂、三厂、四厂、五厂、六厂,并外加一个印染厂。

中原区是新中国成立后完全新建的工业区,1953年1月,作为国家第一个五年经济建设计划中156项重点项目之一的国营郑州棉纺织厂(即郑棉一厂)选址西郊,从而拉开了这个地处中原农业大省、省会交通枢纽城市、其西郊地势高且平坦等区位优势的新兴工业区的建设序幕。接着全国最大规模的磨料磨具基地——郑州第二砂轮厂(今白鸽公司)也选址西郊,郑棉三、四、五厂和郑州热电厂等大型国营企业在这里相继建成。

图 2-1　国棉三厂厂区老大门

在"二五"期间,郑棉六厂、郑州工程机械厂、煤矿机械厂、郑州电缆厂等大型国营企业先后建成并投入生产,同时为加速郑州纺织工业的发展,又相继建成河南纺织机械厂、河南第一纺织器材厂、郑州印染厂、纺织设计院、纺织研究所、纺织工学院、省纺织专科学校、纺织技工学校等科研和教学单位。早在 1960 年代郑州中原区已被列为全国六个纺织基地之一。经过 40 余年的建设,郑州西郊已成为以纺织、机械为主,中央、省市管企业并存,大中小型相配套的完善的综合性的工业体系。职工总人数超过 10 万余人,占全区市区人口的三分之一,仅纺织区占地 600 余万平方米,总面积比旧郑州还要大。1996 年中原区内有市属以上工业企业 66 家,其中全民企业 38 家,集体企业 28 家,按原管理办法,属于中央的有 7 家,省级的 7 家,市管 52 家。

中原区的工业发展史,是一条不寻常的奋斗创业史。中原区的工业始于 1948 年 12 月。郑州解放不久,为支援全国解放和开展生产自救,在市委安排下，三区首先创办了军鞋厂和被服厂，组织有专业技术的工人和街道群众生产军鞋、肩章及其他军需物品。1952年7月郑州第三区在二道街组建起第一印刷生产合作社。同年12月，三区接受市救济拨款2280元在一马路86号建立起烈军属针织生产组，所有这些都是三区工业的开端。

1953年国家开始执行第一个五年经济建设计划，随着大规模经济建设的开始，区属工业也展现出起步势头。从1954年至1955年6月，三区先后办起三元里白铁生产合作社，自建机铁生产组、大众雨具生产组等13个社（组）。另有缝纫麻纺组3个，有组员39人。

据1955年6月统计，全区手工业社发展到7个，合作组15个。此阶段区属工业实现了从无到有，从分散到组织起来，并且初具规模，此外也显示出新兴工业的良好效益，为支持工农业生产，满足人民生活需要作出了应有贡献。

但是，良好的发展势头未能持续下来，时逢1955年10月郑州市进行区划调整，将三区改称建设区，辖区范围由市区向西郊推移，原居市区的大部分工业企业也随区划交出，所剩无几。新接收的郑州西邻除为数不多的大型工业企业外，处于厂际之间的仍是大片农田和村庄，手工业基础十分薄弱，使区属工业的发展处于低谷状态。从1948年创办区属工业到1955年的区划调整，此阶段可称为是区属工业发展的第一个起落。

建设区委和人委重视区属工业的发展，在区划调整后，充分利用辖区大型企业的众多优势和有利条件，又积极创办工业，发展经济，并且取得了明显效果。从1956年起，先后筹办起位于郑上路两侧的造纸厂、橡胶厂、淀粉厂（今嵩山制药厂）、毛纺织厂（今第二印染厂），以及第三服装厂、中州被服厂、耐火材料厂、中原油毡厂（今中原砂轮厂）等21个工业企业。

图 2-2 国棉三厂生活区大门

接着，1958年8月，根据省市安排，对分散的合作社（组）进行改造与整顿。经过改造，地方国营由1家发展到20家，合作经济也大规模发展。据统计，这些企业资金达到83.97万元，年创产值为680余万元，实现利润近百万元，1959年区属工业达到141家。

建设区在1959年是郑州市最先完成国家计划的标兵，受到了市政府的表彰，1960年在国家关于国民经济调整、巩固、充实、提高政策下，经过精简整顿，区属工业社（组）保留下来18个，另有合作社44个，全部职工1218人。从1955年10月郑州市行政区划到1964年区属工业全部上交，区属工业的发展呈现出第二个高潮。

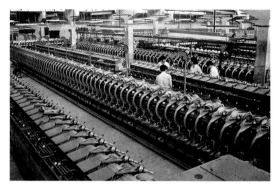

图 2-3　1980年代布机车间

图 2-4　国棉一厂开工盛况

图 2-5　国棉三厂细砂车间

1966年年初,区委为发展区街经济,成立劳动服务总站,各街道办事处成立劳动服务站。本着就地取材、就地加工、就地销售的原则先后办起一批小型工厂,如中原机械厂、郑州市刃具厂、郑州市硅整流厂、中原五金厂、中原针织厂等11家小工厂。这些小型工厂后经逐步发展转为大集体企业,至此又有了区级工业企业。

1968年市二轻局所属公司撤销,使区属工业又进一步壮大,时有工业企业34个,其中全民企业2个,集体企业32个,全部职工人数达5084人。此时是区属工业最好的时期,但如此好景未能持续下来。1979年1月,市二轻局机构恢复,再次将下放到区管的工业企业收回,收回的企业经过区10年经营,多为规模较大、设备较好、产品有销路、经营效益较高的企业,共20个,其中全民的2个,集体的18个,职工3779人。移交后,区属工业企业剩下16家,职工1731人,其中有2个企业发生亏损,此时可算是区属工业发展史上的第三个起落。

郑州工程机械制造厂

郑州工程机械制造厂位于冉屯路23号,建于1958年,名为河南省重型机器厂,1963年收归第一机械部,从事工程机械生产,更名为郑州工程机械制造厂,1983年划归国家建委,同时下放省(建设厅)市(重工局)领导。

郑州煤矿机械厂

郑州煤矿机械厂是能源部中国统配煤矿总公司直属的制造煤矿综采支护设备的大型骨干企业,位于华山路105号,于1955年筹建,1959年10月正式投产。

郑州电器厂

郑州电器厂是机械工业部军工局定点生产移动电站、柴油发电机和特种电源设备的专业工厂。该厂于1958年年底开始筹建。

伴随着国家级骨干企业的落户,郑州市区属工业也加快建设,主要有:

郑州内燃机配件厂

郑州内燃机配件厂位于中原区须水镇,是河南省机械电子工业厅定点生产内燃机进、排气门,活塞销,轴件类产品的专业厂家。该厂由须水乡常庄村铁匠王麦生于1953年创办的"须水供销社农具加工组"经过"郑州市农具生产合作社""郑州市郊区水泵厂"演变而来，1976年10月更为现名，属郊区管理。1987年3月，郑州市调整区划时划归中原区领导。1994年6月，根据区政府决定，由内燃机配件厂、自动化设备控制厂、档案图书设备总厂联合成立波奥公司。1996年4月该公司撤销，恢复郑州内燃机配件厂。

郑州中原机械制造厂

郑州中原机械制造厂（简称中原机械厂）是中原区经贸委主管的创汇较多的集体企业。该厂1966年4月始建，原名中原纺织五金厂，1970年更名为中原五金配件厂，1975年更为现名，1976年3月转为集体企业。

郑州收割机厂

郑州收割机厂位于郑州经济开发区内化工路西端路南。该厂始建于1958年，原名皮件厂，原址在须水镇西端。1962年10月，其更名为"郑州市须水皮麻生产合作社"，1968年10月迁现址，主要生产皮革和农具，1960年转产并更名为"郑州粉末冶金厂"，1979年又转产袜子等针织品，同时更名为"西湖针织厂"。1984年其开始研制全省首创并

图2-6 郑州市中原铝厂旧大门

图2-7 民主德国专家亨夫林在中央变电所指导安装

图2-8 郑州煤矿机械厂大门

图2-9 郑州煤矿机械厂老办公楼

获得专利的小型麦稻收割机,厂名也更为"郑州市郊区机械厂",1986年更为现名,1987年3月,随区划调整划归中原区管理。

郑州市化肥厂

郑州市化肥厂位于冉屯路北侧,始建于1966年,1969年4月正式投产。

郑州市第二化肥厂

郑州市第二化肥厂(简称郑州二化)位于须水镇铁炉村。1975年郑州市郊委为推进全郊区"农业学大寨"和及早实现国务院提出的粮食产量"过长江"的规划目标,为根本改变由于化肥供应不足而粮食增产停滞不前的现状,酝酿建设1个年产3000吨合成氨厂,此意向得到了市革命委员会生产指挥部和省化工石油局及有关部门的同意与支持,并将工厂规模由年产3000吨合成氨改为年产5000吨,当年10月开始工厂筹建工作。

1976年3月,有关部门正式批准建厂,并将厂名定为"郑州第二化肥厂"。考虑到运输、供水、供电、环境保护等诸多因素,最后将厂址选定在现址——铁炉。

郑州市中原铝厂

郑州市中原铝厂位于电厂路10号,始建于1966年6月。

郑州市中原轧钢厂

郑州市中原轧钢厂又名郑州市中原钢窗厂,位于桐柏路北端路东。该厂前身为朱屯五队1980年兴办的社队企业,创办时有房屋三间,职工11人,1981年迁至现址,占地面积8682平方米,建筑面积1899平方米,1986年交中原区,同时转为大集体企业。

郑州热电厂

郑州热电厂位于秦岭路1号,始建于1955年,是河南省电力工业局系统的企业,主要生产电和热力。1957年10月第一台机组投产,经过四期扩建,共拥有8台汽轮发电机,9台蒸汽锅炉,装机总容量13.1万千瓦。1981年,为缓和日益增长的热负荷供需矛盾,将4号机改为背压机,增加供热量100吨/时,总供热能力达294吨/时。1989年发电量55076万千瓦小时,供热量5002620千亿焦

图 2-10 热电厂厂区建筑鸟瞰

耳。该厂曾在1983年创安全生产948天记录，为当时全国10万千瓦以上电厂之冠。

郑州电缆（集团）股份有限公司

郑州电缆（集团）股份有限公司原名郑州电缆厂，位于华山路南段79号。1956年3月筹建，1959年3月开工奠基。是生产电线电缆和电工专用设备的大型综合企业，国家大型一档二级企业。

经过新中国成立后近30年的建设和发展，中原区的建设已逐步走入正轨。到了1979年，党的十一届三中全会的召开，确立了党的中心工作转移到经济建设方面来这一正确方针，为西部工业的发展奠定了思想基础，指明了前进方向。

但是，西部企业，尤其是区属集体企业长期在计划经济体制下，沿用和效仿国营企业一套做法，即生产计划由上级下达，生产车间凭计划生产，产品由国家经营单位包销等已不适应变化了的形势需要，部分企业在生产和经营中出现了被动局面，致使从1979年起连续出现亏损企业，整个企业形势不容乐观。此时，为促使企业尽快适应已经变化了的情况，企业需在改革中求生存、求发展，向市场经济过渡。

中原区的区属工业从1948年创办到2000年先后经过了52个年头，在半个世纪时间里，中间经历了三个起落一次变革。1953年起执行计划经营体制，1980年后开始向市场经济过渡，其间有成功，也有挫折。

这些企业见证了郑州西部的发展，也凝聚着几代工人勤劳的汗水和付出，成为西城工业不灭的记忆。

图 2-11　郑煤机园区街景

西城工业遗产

02

郑州作为建国初期第一个五年计划兴建的国家四大纺织基地之一,本着大干快上的原则,在苏联援助下,其工业厂房、生活区几乎是一个标准进行建设,形成了所谓的苏式建筑风格。这种称谓也不准确,虽然体现了特定的时代背景,但许多建筑中也加入了不少中式元素,这批五六十年代的建筑也被称为"苏式建筑",这些建筑从功能、材料、造型、色彩等方面都成为一个时代的特色,凝聚着建设者们的青春和贡献,成为一个城市的时代印记。

图 2-12　20 世纪 60 年代初期第二砂轮厂主厂房

图 2-13 民主德国总理参观第二砂轮厂

图 2-14 民主德国专家指导调试生产设备

图 2-15 郑州市第二砂轮厂筹备处旧址

随着经济和城市建设的发展，尤其是改革开放后，这些国企都随着改制大部分退出了历史舞台。但这些建筑和企业文化却成为西城的重要的文化遗产。进入21世纪，对工业遗产保护和再利用的观念已逐步深入人心，如何对待这些城市的记忆，在保留有价值的工业建筑基础上，进行合理改造和再利用，让这些老厂区、老厂房再次发挥作用，使城市文化和文脉得以延续，如郑州市第二砂轮厂区和煤机厂的保护和再利用，成为城市更新中的成功案例。

郑州市第二砂轮厂工业遗产

郑州市第二砂轮厂位于郑州西部，与中原万达商业圈相望，是郑州市重要的工业建筑，2016年被列为河南省第七批省级文物保护单位。郑州第二砂轮厂是第一个五年计划期间兴建的重点工程之一，由民主德国援助兴建，全厂单项工程共92个，于1953年开始筹备，1956年动工兴建，1964年建成投入生产，是中华人民共和国机械工业部直属的大型综合性磨料磨具骨干企业。

建厂初期占地面积82万平方米，建筑面积30万平方米，其中厂区占地面积61万平方米，建筑面积19.4万平方米，生活区占地面积20万平方米，建筑面积10.6万平方米。1985年年底，其占地面积92万平方米，建筑面积49万平方米，其中厂区建筑面积28万平方米，生活区建筑面积21万平方米。

郑州市第二砂轮厂坐西朝东，东面与绿东村相望，西傍贾鲁河，南接郑州电缆厂，北与磨料磨具磨削研究所毗邻。

图 2-16 郑州市第二砂轮厂及周边环境鸟瞰图

郑州市第二砂轮厂区原是一片耕地，地形稍有起伏。厂区内建筑均由民主德国卡尔·马克思工业设计院进行设计。厂区的整体规划布局以主厂房为中心，向外依次分设辅助生产厂房、办公，厂区西侧有一条专用铁路支线，工厂周边建有成熟居民社区（罗庄社区、周新庄社区等），交通便利，生活配套设施完善，形成"厂—办—路—居"的空间关系。

郑州市第二砂轮厂对绿化工作十分重视，在1953年筹建时，把绿化作为总体设计的一个重要组成部分，在建厂的同时开始绿化工作。1985年，厂区共有花坛58个，面积近2万平方米，绿篱7171米，各种花卉4600余株，灌木8万多株，各种树木1万余棵，全厂可绿化面积为159620平方米，已绿化139200平方米，绿化比例达87.2%。

民主德国专家在1956年设计的"二砂"主体厂房（陶瓷砂轮制造车间）建筑面积为74376.8平方米，为单层装配式钢筋混凝土结构建筑，是"二砂"最大的厂房。

图2-17 郑州市第二砂轮厂入口广场鸟瞰图

图2-18 郑州市第二砂轮厂总平面图

图 2-19　第二砂轮厂厂房立面

图 2-20　厂房弧形屋顶、高窗

图 2-21　厂房内部

主体厂房风格仿照包豪斯校舍，施工技术和艺术价值较高。规整的建筑形体、严整的立面开窗形式，可节约建筑材料，凸显"二砂"追求建筑功能、技术和经济效益的设计特点。

厂房采用波浪形屋顶，给厂区增加柔和的曲线，屋顶设置长条形高窗，既满足采光的要求又满足厂房大尺度空间的使用要求。厂房外立面为红色砖墙，内部为清水混凝土饰面。

室内空间不做多余的装饰，内部结构一览无余，凸显工业建筑风格。厂区内辅助办公建筑的风格形式与厂房呼应，立面饰清水混凝土，开窗形式规整。外窗窗洞处设置横向构件，丰富建筑立面形式。端部楼梯处的开窗采用精巧的叠砖手法，既可为楼梯间增加采光，又能增强室内的自然通风。

依托"二砂"老厂址打造的二砂文化创意园区是郑州市"四大历史文化片区"建设项目之一，占地56.33公顷（845亩），将打造成同时具有商业办公、创意产业、展览观

图 2-22 "二砂"园区老办公楼　　　　　　　　图 2-23 "二砂"园区老办公楼细部

图 2-24 "二砂"园区儿童游乐设施

图 2-25 "二砂"园区标识

图 2-26 "二砂"园区标识

图 2-27 文创园入口广场和钢环雕塑

演、休闲娱乐、生态住宅及公共绿地的综合性多功能产业园区。

工业建筑的大空间结构形式为艺术家提供了具有个性的创造空间。旧建筑所承载的历史痕迹，为整个空间渲染了浓郁的文化氛围，并创造出一种独特的场所感，这是新建建筑所不能代替的。因此，对于工业建筑遗产的保护和利用具有深远的意义。

郑州"二砂"集团由工厂向创意园区的转变，展示了工业时代到后工业时代的变迁，给郑州带来新的文化含义，注入新活力，并成为独特的城市文化景观。

国棉三厂工业遗产

国营郑州第三棉纺织厂是我国国民经济建设第一个五年计划期间兴建的大型棉纺织企业，由中国昆仑工程公司设计，河南五建建设集团有限公司施工。厂址位于郑州市中原区，南邻建设路，与新市场相对，东与国棉四厂楔接；西接桐柏路，与郑州国棉一厂相邻；北依陇海铁路，与本厂铁路专用线相连。棉纺路横穿生产区与生活区之间，铁路、公路四通八达。三厂地理图形呈"昌"字形，生产区呈"日"字形，南北长975米，东西宽995.5米，

图 2-28　郑州国棉一厂大门

图 2-29　郑州国棉三厂大门

图 2-30　郑州国棉五厂大门

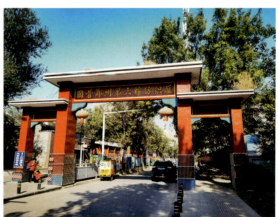

图 2-31　郑州国棉六厂大门

全厂占地面积 65 万平方米。

国棉三厂的厂房是包豪斯风格，这种建筑风格的厂房在当时也体现了经济、实用、美观的工业建筑风格。生产区大门属于苏联风格，四根柱子托起屋檐，门上雕刻灰色浮雕，两侧是略低的裙房，整个建筑体量大气厚重。

生产厂房建筑呈单层锯齿形屋顶。采光窗面向北偏东 15°，采光窗采用钢架双层玻璃窗，室内高度 5 米，主要机器排列与采光窗成垂直方向充分利用了自然光线。厂房屋面结构铺设五层材料：石棉瓦、空气层、黄泥锯末、秫秸芦苇、柏油纸，具有隔蒸汽、保温、防水作用。室内地板采用翎苦土铺设，富有弹性，可相对减轻劳动强度。

国棉三厂 1955 年投产后，就把环境绿化纳入工厂建设的总体规划，发动广大职工、家属开展义务植树劳动，为绿化环境奠定了良好的基础。生产区大门口两侧，有针松造型的一对雄狮，栩栩如生。办公楼前面四个花坛，有成对的松龙、松虎及十三层塔松。东西两侧开拓了两个对称的大花园，面积 2878 平方米，再向东西两边延伸，各有一个 7513 平方米的苹果园和梨园。厂房四周栽有毛白杨、泡桐、青桐、槐树，环绕厂房马路两旁各栽一行侧柏、冬青。

图 2-32　郑州国棉三厂老住宅

图 2-33　郑州国棉三厂生活区

国棉三厂生活区位于厂区的对面，棉纺路路南。家属楼均为典型的"苏式建筑"。1954年建成，红砖红瓦砖混结构，三层楼带烟囱，加上左右呈中轴对称，平面规矩，回廊宽缓伸展；具有标志性的"三段式"结构，即檐部、墙身、勒脚。

建厂初期，职工宿舍为瓦屋面坡顶形式，1967年后新建的均为平顶楼房，楼高也由过去的三层增加到六层，楼内的结构也改为一单元多户的形式，每单元厨房、卫生间、电、水等设施齐备。国棉三厂生活区由苏联专家制定基本规范标准，但设计的图纸及施工图由中国建筑师完成，建筑细部融入了许多中国元素，比如小格窗、门楼花纹。这些居民楼单独围合成一个四合院，与我国传统的民居四合院有着异曲同工之处，更增添了中国韵味。

图 2-34 郑州国棉三厂生活区

居住区内部沿街建筑外立面刷白色涂料，其他均为红砖。坡屋顶排水便捷，深远的挑檐既可以防止雨水冲刷墙面，又有一定的遮阳作用。

生活区不但设有职工食堂、医院、幼儿园、子弟学校、招待所、锅炉房、配电所、图书馆、离退休职工活动室等，而且商业部门还在生活区设有粮店、百货商店、饭店、蔬菜店、肉食店、服装厂和理发店等服务网点，衣食住用较为方便，是计划经济下，企业办社会的体现。小区内部道路纵横交错，车辆从小区内部穿过，早晚高峰热闹非凡。

图 2-35　郑州国棉四厂老住宅现状

图 2-36　郑州国棉四厂老住宅街巷

图 2-37　郑州国棉四厂老住宅外窗

图 2-38　郑州国棉四厂老住宅单元入口

郑州煤矿机械厂

郑州煤矿机械厂，简称郑煤机厂，是我国在国民经济第一个五年计划期间，自行设计、建造的大型综合型煤矿机械制造骨干企业。1998年划归河南省煤炭工业管理局管理，经过几轮重组与股份制改造，现已改制成为郑州煤矿机械集团股份有限公司。

郑煤机厂原为国家煤炭部机械制造局直属厂，占地65.28万平方米，投资0.67亿元，由上海煤炭科学研究院设计，1958年动工，1959年10月建成投产，历经扩建，至1989年建筑面积达到了32万多平方米。其中生产区建筑面积11.62万平方米，包括2个加工车间、

图 2-39 郑煤机芝麻街入口标志

豫见 时代印记

3个铆焊车间,以及铸造、锻造、动力、热处理、安装、电镀、机修等车间,厂房建筑均为框架结构。

生活区建筑面积12.16万平方米,主要包括家属住宅楼、单身职工宿舍楼、招待所、幼儿园、食堂俱乐部等生活福利设施。

图 2-40　老厂房外墙更新

图 2-41　保留老厂房立柱,营造开放空间

图 2-42　老厂房改造成沿街商铺

图 2-43　沿街标志和电子大屏幕

建国初期，限于当时的资源与技术水平，参考当年苏联的建筑标准，1955年由城市建设部编制了我国第一本建筑设计的规范。郑煤机厂社区的规划设计多基于此，在郑煤机厂区周边兴建了中原区早期的单元式住宅。

郑煤机厂社区住宅带有典型的苏式风格，以中低层（2~4层）建筑为主，建筑密度较低。

尽管层数不多，但由于建筑层高较高，且有坡屋顶，建筑总体高度一般在15米左右。

平面布局上，郑煤机厂社区住宅多为内廊形式组织单元，单元入口的门厅面积大，入户的门厅面积局促，并以走道的方式连接各个房间。每户居室面积大致相同，但通风采光差，厨房、厕所的面积狭小。

建筑技术上，单体建筑进深为10米左右，建筑墙体敦厚，保温效果良好。建筑立面上，苏式建筑的红砖墙、坡屋顶、烟囱等元素时代感鲜明。建筑造型呈中轴对称的规整形体。

图2-44 郑煤机厂改造再利用

图 2-45 郑煤机厂社区街口产品展示和公共空间

03 纺织之城

郑州是全国八大古都之一，也是一座新兴的纺织工业城市，六大国营纺织厂和郑州纺织机械厂建厂初期，不仅从沿海地区调来了专业技术人员，也吸纳了大批农村女青年和知识青年进厂成为纺织女工，成为西郊的一道风景。这使人联想起小说《许茂和他的女儿们》，许茂就好像郑州纺织机械厂，那些女儿就是这六个大纺织厂，这些女工把青春献给了这座城市，献给了建设时期的国家。到了1980年代，这些女工从纱妞变成了纱姨、纱老太，但她们的历史贡献凝聚在郑州发展的历史中，留在纺织之城的记忆里。

国营郑州第一棉纺织厂位于棉纺西路4号，是第一个五年计划期间国家重点项目之一。1953年1月兴建，1954年5月1日投产，是河南省兴建的第一座国营棉纺织企业，占地面积46.48万平方米，原有纱锭5万枚，织机1500台。经多年来生产不断发展，其到1989年拥有纱锭70160枚，气流纺1600头，各种织机2025台，有职工6000余人，其中工程技术人员153人。全厂有四个分厂、党政群七个大办公室和一个劳动服务公司。

图 2-46　国棉三厂生活区"苏式建筑"

图 2-47　纺织女工合影

国棉一厂主要生产纱、线、布，年生产纱 13000 吨、布 5200 万米，产品品种 150 多个。从 1964 年起，产品打入国际市场，有 40 多种品种受到部、省、市级表彰。

国营郑州第三棉纺织厂位于棉纺西路 3 号，始建于 1954 年，1955 年 8 月 1 日正式开工生产，纳入国家计划，为国家大型一类企业。

国营郑州第四棉纺织厂位于棉纺西路 2 号，1954 年 8 月筹建，1956 年 6 月试车，1957 年 5 月 1 日正式投产。

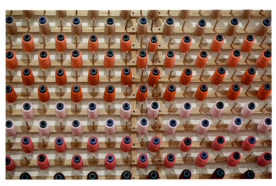
图 2-48　纱锭墙

图 2-49　纺织女工之一

图 2-50　纺织女工之二

图 2-51　纺织女工之三

国营郑州第五棉纺织厂位于棉纺西路1号,1956年元月动工兴建。

国营郑州第六棉纺织厂位于棉纺西路5号,始建于1956年。

国营郑州印染厂位于郑上路10号,是1958年开工兴建的一座大型印染企业。

郑州市纺织印染厂位于工农路36号。该厂1976年10月由中原区农业公社筹办,1978年8月投入生产,1981年1月经郑州市经委批准为大集体,1984年11月交中原区,由工业局主管,1989年4月更为现名。

图2-52 纺织女工之四

图2-53 纺织车间之一

图2-54 纺织车间之二

图2-55 1980年代车间

图 2-56　郑州纺织工业博物馆大门

图 2-57　郑州纺织工业博物馆展厅

图 2-58　郑州纺织工业博物馆机械设备展示

图 2-59　郑州纺织工业博物馆图片展示

04 河南电力

　　河南省电力工业已有百年的历史，清光绪十四年（1888年）黄河大堤郑州十堡处决口，决口宽达1800余米，清政府组织10余万人，拨白银900万两进行修复。为加快施工进度，从国外购置发电机1台，安装在工地西坝头上，供施工现场夜间照明用电，成为河南省电力工业的先声。此后，清光绪二十九年（1903年），安阳广益纱厂建成河南省第一个工矿自备电厂，安装发电机组容量为470千瓦，供纱厂自用。清光绪三十一年（1905年），英国商人在焦作开办煤矿，并建自备电厂一座，安装三台40千瓦直流发电机组、三台125千瓦交流发电机组，供生产和生活照明用，这是河南省历史上第一家外资电力企业。

　　清宣统三年（1911年），河南开封商务会理事魏子清等人创办了开封普临电灯公司，安装了一台60千瓦发电机组，对外供电，成为河南省第一座公用电厂。随后，安阳、郑县（今郑州）、信阳、洛阳、新乡、商丘、许昌等地商人相继兴办公用电灯公司，因缺少资金，各公司装机容量多在100千瓦以下。

图 2-60　建设工地

图 2-61　发电机组

第二章　工业记忆

1922年，北洋政府在巩县建兵工厂，同时建设发电厂一座，安装了两台1100千瓦发电机组，成为省内第一座官办电厂。1923年，郑县豫丰纺织有限公司安装了四台发电机组，总容量3500千瓦，是当时省内最大的电厂。随着发电设备容量的增加，扩大了供电范围，1918年焦作市架设了两条总计15.28千米的3.3千伏高压线路，成为1949年前省内最高电压等级的线路。1934年，河南省第一座水电站在南阳内乡县西峡口镇建成，安装了一台12.5千瓦水轮发电机组，1936年又扩建一台85千瓦水轮发电机组。

1936年底，河南省已有公用电灯公司12个，装机容量2665千瓦，企业自备电厂19座，装机容量12709千瓦，总装机容量15374千瓦，虽只占当年全国电力总装机容量的1.2%，但却是中华人民共和国成立前，河南电力工业较兴旺的年度。由于设备利用率低，造成年发电量仅636.1万千瓦·时（不完全统计），而且多数是用于照明，未能给工业生产提供较多高效率的动力。河南省发电量仅占当年全国总发电量的0.2%，人均电量0.09千瓦·时，大大低于当时全国人均3.98千瓦·时的水平。

1937年抗日战争全面爆发后，巩县兵工厂、郑县豫丰纱厂、焦作中福公司等大企业的发电设备迁往四川等地，郑州明远电灯公司等电厂的部分设备被国民党军队撤退时炸毁，全省发电设备容量减少到7413千瓦。日本侵略军侵占安阳、新乡、焦作、开封等地后，强占各地电厂，不少发电设备被毁坏，为了掠夺资源和军事占领的需要，日军又安装了总量为10003千瓦的发电设备，其中1941年在开封安装的一台2000千瓦发电机组是当时河南省内最大的发电机组。1945年日本投降后，河南省大部分电厂被作为敌产归国民党政府接收。有的发电设备被迁往外省，有的发电设备因管理维护不好而报废。加之，1946年以后，国民党政府全力进行内战，不搞经济建设，河南电力工业未能增加新的发电设备，到1949年年底，全省仅有公用电厂14座（部分电厂为1948年郑州解放后人民政府建设的），其中水电厂一座。全省电力职工509人。

1949年底，全省单机50千瓦及以上的发电设备总容量0.93万千瓦，占当年全国发电设备总容量184.86万千瓦的0.5%；年发电量610万千瓦·时，占当年全国总发电量43.10亿千瓦·时的0.14%，全省人均发电量0.15千瓦·时，远远低于全国人均发电量8.60千瓦·时的水平。当时，各电厂均为孤立生产，只供应当地用电，互不联系，且供电范围很小。全省3.3千伏线路不足50千米，电力主要用于城镇照明，以及少部分工业生产，农业根本用不上电。电力工业年产值仅 24 万元，占全省工业总产值的 0.1%，排在十大工业行业的第九位。

河南省从清光绪十四年（1888 年）有电，到 1949 年，经历了清王朝和中华民国共 61 年的历史，因统治者政治上腐败无能，造成经济发展缓慢，电力未能作为强大的动力资源得到开发利用，官办电厂仅有巩县兵工厂电厂和洛阳西工电厂两家，而且是为其生产军事武器和培养军事人才服务的。其余电厂多为民族资本家创办。

中华人民共和国成立后，中国共产党和人民政府将电力企业收归国有，十分重视电力工业的发展。鉴于河南省煤炭资源丰富，水能资源较少（可开发水能总容量只有 323 万千瓦）的特点，有计划重点开发建设了火力发电。在国家水火并举、因地制宜、大中小结合的办电方针指导下，1950~1987 年，河南省发电设备平均每年增长 17%，发电量平均每年增长 21%。全省大小电站星罗棋布，输电线路遍布城乡，形成了全省性的供电网络，以及较为完整的电力工业体系。

1950~1952 年，为解决中心城市的用电困难，河南省投资 0.06 亿元，先后扩建了焦作、郑州、开封、新乡等老电厂，并新建了一些小火电厂，增加一批低压机组。1952 年年底，全省发电厂 30 座，总装机容量 1.61 万千瓦，年发电量 0.4 亿千瓦·时，分别为 1949 年的 1.72 倍和 6.55 倍；全省人均发电量 0.75 千瓦·时。在用电结构上，主要以市政生活和工业用电为主。同年 7 月建成了河北峰峰电厂至河南安阳豫北纱厂 39.38 千米（河南省境内 17.10 千米）的 35 千伏输电线路，以及豫北纱厂 35 千伏变电站，开始了河南省 35 千伏区域性电网建设。

1953~1957 年，为适应大规模经济建设的需要，向洛阳第一拖拉机厂等大型机械制造工业、郑州纺织工业提供电力和热能，河南省确定了以工业基地和城市为中心建设发电厂的方针。这期间河南省电力工业进入中压、高压机组，以及 110 千伏输变电工程的建设阶段，基本建设投资 1.39 亿元，建设了苏联援建的郑州火力发电厂和洛阳热电厂、民主德国援建的郑州热电厂，包括三台 0.6 万千瓦中压机组、一台 2.5 万千瓦高压机组、两台 1.25 万千瓦中压机组，并分期投产，与此同时还建设了一批小火电厂和列车电站。

1956 年郑州电业管理局（主管省内电力工业的中央属企业单位）成立，同 1955 年成立的河南省人民委员会工业厅（主管河南省地方电力企业）一道，组织领导全省电力工业的发展。1957 年 4 月 13 日，黄河干流上第一座水利枢纽工程三门峡水电站（设计总发电装机容量 116 万千瓦）开始施工。为保证施工用电和水电站建成后的电力外送,郑州—洛阳—三门峡 110 千伏输电线路于同年 12 月投入运行,形成省内第一个 110 千伏区域性电网,为河南省电网的发展奠定了基础。1957 年年底,全省总发电装机容量 15 万千瓦,年发电量 3.04 亿千瓦·时,分别为 1952 年的 9.31 倍和 7.60 倍;电力工业的快速发展基本满足了全省工农业生产和城市人民生活用电的需要。

1958~1965 年,电力工业发展出现较大的起伏,基本建设总投资 3.39 亿元。1958 年全国开展"大跃进",河南省政府提出:河南电力工业大跃进要贯彻"水电为主、火电为辅,大中小结合,全面开花"的指导方针。"大跃进"期间有 4.96 万千瓦的小水电、小火电投产,其中 1959 年投产的信阳南湾水电站装机容量 1360 千瓦,是一座较大的小水电站,省

图 2-62 三门峡水利工程

内一些山区农村利用自然条件修建了小水电站，促进了该地区经济发展。1958 年在原郑州电业局的基础上，合并了原河南省工业厅电业管理局，组建了河南省电力工业局，作为全省电力主管部门，开始统一领导、统一组织规划全省电力建设和生产。电力系统从单一的发电企业发展到拥有发电、供电、基建设计、施工、电力调度、试验、修造、专业学校等各种专业较为完整的省电力工业体系。

1966~1980 年，河南省改变了围绕着工业基地和城市中心建设发电厂的方针，根据全省煤炭资源分布广泛的特点，以及保护环境、减轻城市污染的精神，重新确定了"以火电为主、水电为辅，大中小并举，因地制宜"，以及"火电建设以煤矿坑口、交通路口电站为主"的建设方针，加快了电力工业建设速度，基建投资达 18.23 亿元，其中以发展大中型机组和 220 千伏输变电工程为主。1970 年建成湖北丹江口水电站—南阳—平顶山的 220 千伏线路和平顶山贾庄 220 千伏变电站，实现了河南电力系统与湖北电力系统的联网。河南电力系统开始进入以 220 千伏输变电为骨架的建设时期。1971 年 6 月，河南、湖北两省都缺电，由于电力调度制度及手段不健全，使电网调度不协调，无法确保电网稳定运行，从而两省电力系统解列分网运行。当年河北省邯峰安系统没有多余的电量送往河南，加之，两大系统装机容量不断增大，110 千伏联络线已满足不了联网运行的要求，两大系统也解列分网运行。1973 年河南省第一台 10 万千瓦高温高压火电机组在丹河电厂投产，同年三门峡水电厂第一台 5 万千瓦水轮发电机组正式投产。1975 年中国制造的第一台 30 万千瓦双水内冷汽轮发电机组在姚孟电厂投产，该厂作为全国最好的火电基地之一，坐落在煤城平顶山市郊，厂区旁有一座蓄水 5 亿立方米的水库，并利用山凹处的自然地势修建了大型贮灰场。

1966~1976 年的"文化大革命"时期，河南电力建设在"靠山、分散、隐蔽"的战备方针指导下，选定的 480、481、482 电厂和一些变电工程，由于缺乏科学论证，违背电力工程选点技术经济条件的要求，浪费了大量建设资金。481、482 电厂投资数百万元后，中途下马；庙子、横涧、南朝变电站建成后相当长时间电力负荷很少；480（丹河）电厂采取劈山建厂，交通、生活等条件都比较困难，不仅延长了建设工期，浪费了资金，而且投产后给生产管理带来不少的困难。此期间电力系统正常的生产程序被打乱，大部分管理机构被撤销，压缩了管理、设计、试验研究人员，大批技术人员下放农村劳动，按照科学要求制订的规章制度被废弃。

1970~1972年,在水利电力部军管会关于"改造发电设备,提高出力,一厂变一厂半"的要求下,致使发电设备长期超铭牌运行,损坏了设备,生产事故频繁发生。1976年,总装机容量165.9万千瓦的部属电厂最低生产负荷(7月20日)只有47万千瓦。当年全省总发电量只有66.22亿千瓦·时,比1975年少发电3.23亿千瓦·时。

1978年,党的十一届三中全会以后,电力生产管理工作逐步走上正轨,并加快了电力建设步伐,姚孟、焦作电厂、开封火电厂分别扩建,共安装了五台发电机组,总容量95万千瓦。作为第六个五年计划中的平顶山电厂扩建工程,原定安装两台20万千瓦国产机组,而且设备已开始到货,又向水利电力部申请改为引进波兰机组(后因两国谈判终止,而未能引进),在波兰设备未落实的情况下,水利电力部将国产机组连同燃煤指标都调给湖北省荆门电厂,使平顶山电厂扩建落空。1978年12月,三门峡水电厂五台5万千瓦水轮发电机组全部投产,成为河南省单机容量和总装机容量最大的水电厂。1979年省内第一台20万千瓦超高压机组在焦作电厂投产。同年,河南省基本形成以郑州大坡顶变电站为中心,东到开封,西至三门峡,南到南阳,北至安阳的220千伏输电网络。为满足武汉钢铁公司1.7米轧机联合试生产用电需要,河南、湖北两个系统第二次联网运行,为华中电网的形成奠定了基础。这期间地方小火电、小水电有较大发展,新增发电设备容量分别为41.45万千瓦,促进了远离大电网的部分农村经济的发展。

1980年年底,河南省发电设备容量353.59万千瓦,其中水电40.4万千瓦、火电313.19万千瓦,为1965年的6.82倍,居全国第三位。

1980年全省人均用电量228千瓦·时,为1965年的5.1倍。

1981~1987年,电力基建投资30.05亿元。这期间的前四年由于国家经济调整,压缩基建投资,加之争取投资的前期工作未做好,姚孟、焦作电厂大机组扩建工程推迟,造成四年时间里没有增加新的发电设备容量,而河南省工农业生产在经济改革的推动下蓬勃发展,进一步加剧了电力供需矛盾。缺电制约了河南省经济的发展。为缓和缺电局面,省电力局重点组织了设备完善化改造,使1980年前投产的机组多数达到铭牌出力,共增加发电出力38.7万千瓦。1985~1987年,根据国家政策,省电力局充分发挥国家和地方两个积极性,广泛筹集电力建设资金,新增发电设备容量95.72万千瓦。1981年,国内第一条交流500千伏超高压输电线路(平顶山姚孟电厂至武昌凤凰山变电站)投入运行,加强了河南与湖北电力系统的联系,发挥了水火电互相调剂的功能,并为河南电网向 500 千伏电压级发展奠定了基础。

电力调度进入了网(调)、省(调)、地(调)三级调度。

1985~1987 年,从比利时引进的具有 20 世纪 80 年代初国际发电技术水平的两台 30 万千瓦火电机组,在姚孟电厂投产,使该厂装机总容量达 120 万千瓦,成为华中电力系统中最大的火电厂。同时,焦作电厂装机容量达 84.8 万千瓦,成为华中电力系统第二大火电厂。

电力工业的发展,促进了电力技术的进步,逐渐用高效率、高参数、大容量的发电机组,取代了低效率、低参数的小机组;高电压及先进的供电网络,降低了线损,保证了安全经济供电;电力调度采用了微波、光纤、载波等多种通信手段,增加了遥测和遥控数量,实现了计算机实时监控系统,保证了电网安全、

图 2-63　河南第二火电建设公司

经济调度运行。随着电力工业的发展壮大，企业管理工作越来越得到重视，特别是在1979年以后被提上重要的工作日程。通过对企业的恢复性和建设性整顿，各项基础工作不断完善和加强，企业管理水平日益提高，微机已在生产和管理中广泛使用。厂长负责制、安全目标管理、经济责任制的实行，促进了电力企业经营机制的不断改善。

1987年年底，河南省发电装机总容量457.48万千瓦，其中火电415.58万千瓦，占总装机容量的90.8%；水电41.90万千瓦，为总装机容量9.2%。河南省装机容量占华中电力系统总容量的27.98%，居全国各省级电力系统装机容量的第十位。全省发电量259.33亿千瓦·时，其中火电246.47亿千瓦·时，水电12.86亿千瓦·时，河南省发电量占华中电力系统总发电量的34.76%，居全国各省级电力系统发电量的第九位。发电装机容量和发电量分别是1949年的490倍和4251倍，是1952年的284.35倍和648.33倍。全省年人均电量341.4千瓦·时，为1949年的2276倍，但仍低于1987年全国人均458千瓦·时的用电水平。

1950~1987年，国家和地方政府对电力工业基建总投资为53.12亿元，全省累计发购电量2875.551亿千瓦·时，其中用电量2363.84亿千瓦·时，电力工业为河南省的经济发展作出了较大贡献。至1987年底，省电力局所属电力企业基建累计投资44.25亿元，形成固定资产原值40.21亿元，共实现税利72.70亿元，向国家上交税利69.56亿元。

随着电力工业的发展，电力职工队伍不断扩大，由1949年的509人发展到1987年的95788人，其中地县电业职工49641人、省电力局所属电业职工46147人。科研、教育、设计、施工、发供电等科学技术队伍不断壮大，有工程技术人员6624人（包括农电1514人），占电力职工人数的6.92%。在电力生产和建设中，涌现出一大批劳动模范和先进生产（工作）者，他们为河南省电力工业的发展作出了不可磨灭的贡献，其中7人获全国劳动模范和先进个人称号，152人获省（部）级劳动模范、先进生产（工作）者等荣誉称号。

河南省电力工业虽有很大发展，但仍不能完全满足全省国民经济发展及人民生活用电的需要。从20世纪60年代末开始至1987年，年缺电量达30亿千瓦·时，导致省内15%~20%的工业生产能力不能发挥效益，按每千瓦·时工业产值2.57元计算，年产值减少77.1亿元，占当年工业总产值的13.58%。因此，扭转缺电局面，加快电力工业发展，刻不容缓。随着河南省原煤产量的提高，1987

年达7641.72万吨，居全国第二位，为以火电为主的河南电力工业提供了丰富的资源。1988~2000年，电力发展规划重点建设豫西、豫北、豫南三大火电基地，扩建的电厂有新乡火电厂、焦作电厂、郑州热电厂、姚孟电厂、首阳山电厂、洛阳热电厂；新建的电厂有鹤壁电厂、鸭河口电厂、三门峡火电厂、沁北电厂、永城电厂、禹州电厂，总计增加发电装机容量935万千瓦。水电建设有黄河小浪底水利枢纽扩建工程、三门峡水电厂扩建工程、新建洛宁固县水电站等，增加水电装机容量21万千瓦。河南电网逐步形成"十"字形双回500千伏主网架。到2000年河南省发电装机总容量超过1300万千瓦，年发电量达763亿千瓦·时，可基本满足河南省经济增长和人民生活的用电需要。

第 三 章

建设者们

劳动者最光荣。一个城市的发展离不开电力，电力行业的建设者们通过自己辛勤地劳动，给城市带来光明，因此，城市使生活更加美好。

01 电力老厂的荣光

1949年7月,"东北人民政府工业管理局基本建设处阜新工程队"在解放战争的炮火声中诞生。从此,这支诞生在新中国的第一支火电建设队伍,在祖国的电力建设中南征北战,也伴随着建设新中国踏遍了祖国的千山万水。

辽沈战役刚刚结束,为担负阜新发电厂旧机组的修复工作,由阜义送电线队和抚顺第二工程队合并组建"东北人民政府工业管理局基本建设处阜新工程队",直属领导为东北电管局,总部设在东北电管局(沈阳)三楼。1951年改称为"东北人民政府工业部电业管理局机电工程公司火电安装队";1952年改称为"东北人民政府工业部电业管理局火电工程公司";1953年改称为"东北火电一队";1954年改称为"电力工业部基本建设管理局第一火电工程公司"。

1949年到1952年,新中国百废待兴,阜新发电厂的恢复、扩建工作成为恢复东北经济的当务之急。工程队在阜新发电厂的废墟上承担了全国第一台25000千瓦苏联进口机组的安装任务,并提前一个月工期完成任

图 3-1　阜新发电厂

图 3-2　阜新发电厂 1949 年合影

图 3-3　阜新发电厂员工合影

务，节约投资 60 万元。1952 年 9 月 17 日，第一台 1 号汽轮发电机组投运发电。这也是新中国成立后国内恢复投产的第一台 25000 千瓦汽轮发电机组。1952 年 9 月 25 日，毛泽东主席发来嘉勉电，赞扬了电力职工的创举，嘉勉电同时在《人民日报》《东北日报》头版头条刊登：

"转阜新发电厂工程队全体职工同志：九月十七日电悉。庆祝你们在透平发电机安装中获得的成就，望继续努力学习苏联先进经验，发扬积极性，在今后的建设工作中取得更大的成绩。"

毛主席的贺电让阜新发电厂工程队沸腾了。不久，朱德总司令又亲临工地视察慰问。毛主席的贺电和朱德总司令的慰问让厂内外上下一片欢呼雀跃，电厂扩建的步伐开始加快。截至 1956 年，阜新发电厂共安装 4 台发电机组和 7 台锅炉，总装机容量达到 15 万千瓦。从 1956 年到 1964 年，每年投产一台机组，总装机容量达 55 万千瓦，阜新发电厂一度成为亚洲第一大电厂。

为建设中原，1956 年 6 月，工程队约 2000 人开进中原大地，机构随之改称为"燃料工业部北京基建局第八工程处"，处本部设在洛阳，下设郑州工区。1957 年初改称为"武汉基建局第四十五工程处"。

工程队在郑州热电厂（时称"363 电厂"）工程中首创优质工程。为此，国内十几个单位前来参观学习。郑州热电厂还被称为"河南电力工业摇篮"，不仅为郑州棉纺等工业发展提供电力保障，还为河南电力建设培养了大批技术力量。在洛阳工程中，工程队又安装了全国第一台国产 50000 千瓦高温、高压机组，并创造了 57 天安装一台 240 吨/小时锅炉、17 天安装一台 25000 千瓦汽轮发电机的新纪录。"第一个五年计划"中郑州和洛阳被国家列为国家重要工业基地，离不开工程队在河南电力建设中作出的贡献。

1958 年 2 月，奉上级部门指示，郑州工区及洛阳处本部少部分人员调归阜新，改称"沈阳基建局第十六工程处"。同年，水电部和河南省

图 3-4 郑州热电厂施工现场

图 3-5 奋斗的施工队

图 3-6 洛阳热电厂

图 3-7　郑州热电厂

图 3-8　焦作热电厂

图 3-9　安阳热电厂

政府作出"走的就走了，没走的留下归河南"的决定，当时工程队在河南留下1700余人。1958年12月，这支队伍正式下放河南，归河南电力工业局领导并开始组建公司，后改称"河南省电力工业局火电安装工程公司"。1959年决定公司下设洛阳第一工程处、郑州第二工程处、安阳第三工程处、郑州电力修造厂，1959年3月增设平顶山第四工程处。在此期间，公司主要承担洛阳热电厂扩建、郑州二期工程建设、安阳电厂筹建，以及地方小机组的安装任务。

1960年春，火电安装公司与送变电公司合并，改称"河南省电力工业局基本建设局"。同年，省建委三公司102工区划归局领导并与原局领导的土建队合并成立第六工程处。平顶山工程停建后，撤销平顶山第四工程处。在此期间主要承担洛阳热电厂二期、安阳电厂二期及三期、郑州热电厂二期、焦作电厂等项目。

1960年10月，河南省电力工业局基本建设局撤销，改为"河南省电力工业局"。郑州电力修造厂与303电厂配件厂合并，由电力工业局领导并承担生产配件任务。

1962年，河南电力工业局基建公司划归中央领导，改称"中原电业管理局基本建设工程公司"，下设洛阳一工区、郑州二工区、安阳三工区、送变电四工区、郑州电力修造厂。此期间主要承担郑州二期、洛阳三期、安阳二期收尾及三期工程，以及其他小机组的安装工作。

1963年基建公司与中原电业管理局分开，改称"水利电力部中原电力建设公司"。洛阳一工区、安阳三工区合并为一处，郑州二工区为二处，送变电四工区为四处，以及郑州电力修造厂。此期间主要承担郑州二期、洛阳三期、安阳三期、焦作结尾等项工程。

1964年下半年基层单位随着工程需要改组为两个处。一处撤掉，焦作、洛阳改称焦作工地与洛阳工地。安阳、焦作工地留守组及郑州电力修造厂合并，此期间主要担负郑州六号炉、洛阳热电厂、安阳电厂的填平补齐等项施工任务。

1965年中原电力建设公司撤销，公司划归华北电力建设公司领导，改称为"北京基建局华北电力建设公司中原工程公司"，下设焦作工地、临汝工地、洛阳工地，1965年下半年，又成立了新乡工区、安阳工地。公司所在地郑州，公司与二处成立现场公司，由公司直接指挥生产。公司所属送变工程处划归北京送变电公司，成立送变电工程处。此期间主要承担郑州三期5号机组、7号炉及3号机，洛阳热电厂6、7号机组，以及部外系统的信阳、临汝电厂等小机组安装。

1966~1968年中原工程公司所属平顶山工区、新乡工区承担的任务为新乡、平顶山电厂新建、郑州热电厂收尾及其他小电厂的安装。

1969年随着社会建设发展，中原工程公司撤销，划归河南省电力工业局领导，机构名称改为河南省革委会电业局"电建一处革委会""电建二处革委会""电建四处革委会"及"郑州电力修造厂革委会"。这时期主要承担平顶山、姚孟、丹河、安阳等电厂的施工工程及其他小电厂安装工程。1974年9月电建二处的安装和土建分开，将原电建二处土建队伍组建成为电建三处。

1978年8月，决定成立河南省电力建设公司，1979年回归河南省电力工业局领导，并在1980年末恢复健全公司，改称为"河南省电力基本建设公司"，公司下属各施工单位改为河南省电力基本建设公司第一、二、三公司，送变电工程处，以及郑州电力修造厂。

1981年，郑州电力修造厂随机构调整，短暂更名为"河南省电力基本建设公司修造厂"，后又改回"郑州电力修造厂"。1986年9月，郑州电力修造厂更名为"河南省电力工业局郑州电力综合安装公司"，1987年更名为"河南电力综合安装公司"，同年10月定名为"河南电力安装公司"。

1999年按照华中电业管理局和河南省电力工业局的指示，河南电力安装公司撤销并整体并入河南第二火电建设公司。河南第二火电建设公司完成两个单位的合并及交接过渡工作后，将公司总部及管理机构由焦作迁入郑州原"河南电力安装公司"所在地。

2011年9月，河南第一火电建设公司和河南第二火电建设公司归入中国电建集团旗下。2016年5月河南第一火电建设公司和河南第二火电建设公司合并重组为中国电建集团河南工程公司，公司总部办公地点在郑州市高新区。2020年11月揭牌成立中电建地热开发有限公司。

一路发展而来，中国电建集团河南工程公司谱写了老电建的辉煌篇章，获得众多国家级建设工程奖项，也涌现出许多获得各种荣誉的优秀模范职工。

图 3-10　大唐信阳电厂 2×660MW 工程鲁班奖奖牌

图 3-11　杜尚别 500kV 变电站鲁班奖奖牌

图 3-12　鹤壁鹤淇电厂上大压小 2×600MW 超临界机组工程鲁班奖奖牌

图 3-13　华能沁北电厂 2×600MW 超临界机组鲁班奖奖牌

图 3-14　华润苍南 2×1000MW 机组工程鲁班奖奖牌

图 3-15　濮阳东 500kV 变电站鲁班奖奖牌

图 3-16 平顶山第二发电厂 2×1000MW 机组工程国家优质工程金质奖

图 3-17 襄樊电厂 4×300MW 机组工程国家优质工程金质奖

图 3-18 电建公司焦作基地

广泛生活记忆

02

城市是建筑的集合体,建筑亦是城市文化的载体。

因城市的历史格局和交通网络划分,郑州主城区分为5个区,每个区都各具特色。河南电力修造厂所处的中原区,因以工业为主,在纺织城的建设中,有许多从上海、东北、广东等城市和地区支援郑州建设的技术人员、技术工人落户中原区,给中原区带来了新的文化交流和生活方式的碰撞。多年的沉淀,使中原区的衣食住行形成特色,尽显烟火气和广泛的生活记忆。

人间烟火气,最抚凡人心。郑州西部的美食也成为人们心中家乡的味道:

国棉三厂的铜锅涮、国棉六厂的热干面、国棉四厂的醉仙镇烩面、原一厂猪蹄(搬到锦艺城后面了)、伏牛路的炸鸡、伏牛路伊河路胡辣汤、淮河路的酸辣粉和肉夹饼、颖河路担担面、工人路的炸鸡、工人路的胖娃炒菜、工人路中原路的桂林米粉、工人路汝河路的党先生火锅、建设路工人路的砂锅、互助路的品品味、建设路桐柏路的烤鸭、棉纺路的擀面皮、

图 3-19　20 世纪 60 年代的国棉四厂

图 3-20　职工艺术节

图 3-21　职工运动会

图 3-22　歌咏比赛

图 3-23　集体婚礼

图 3-24　焊接技术协会成立大会

图 3-25　技能大赛

秦岭路的老李家炒鸡、秦岭路淮河路长沙菜馆、汝河小区绿豆沙、汝河路兴华南街的巴厘龙虾、嵩山路的十六哥炒鸡、大学路美美对面的红辣椒、西环的白记烩面、绿城广场 B 地铁口处的陕西扯面、绿城广场兴华南街向南 50 米路东的买买提羊肉串、中原路郑大北门对面水煎包和旁边的长沙小吃、嵩山路亚星下面的高老大牛排胡辣汤……

这些是你记忆中的城市味道吗？是你记忆中的家乡味道吗？

图 3-26　四厂生活区饮食店

图 3-27　四厂网红店新疆菜

图 3-28　四厂烩面

图 3-29　四厂旗袍店

03 老职工的回忆

图3-30　公司第三届六次职工代表大会

图 3-31　省电力局、河南电力安装公司青年志愿者

图 3-32　公司第四届四次职工代表大会

李兰英：一生听党话，跟党走

图3-33　李兰英近照

　　李兰英师傅虽已年近九旬，却依然身板硬朗，精神矍铄。谈起自己的一生，她总是不停地说，自己十分感谢党，是党让自己过上了幸福的生活。李兰英有着坎坷的童年，1937年出生的她，六岁时母亲就过世了，与父亲和小自己三岁的弟弟相依为命，颠沛流离。抗战时期为躲避战乱，一家人逃难到了武汉，父亲担心家人们的安全，继续带着他们姐弟俩一路逃往广西。一路上风餐露宿，李兰英的父亲得上了严重的风寒病，担心自己的身体扛不下去，便把弟弟给了别人，希望孩子能够有口饭吃，而那时年幼的李兰英就每天外出讨饭，讨到后再回来喂给父亲。几经寒暑，父亲的病情终于得到好转，父女二人又再次回到了武汉。那时的父女俩买不起回武汉的火车票，只能将自己用绳子绑在火车棚上，一路风风雨雨地回到武汉。李兰英记得，到武汉后，亲戚们都对父女二人避之不及，嫌弃他们又穷又脏，还是善良的大伯收留了他们，才有了一口饭吃。失去了母亲，使童年的李兰英总是无法打开自己的心扉。当同龄人都在蹦蹦跳跳玩耍时，她总是独自一人静静地坐在角落里。家里人担心这样下去会出问题，商议后决定把她送进厂里做工。刚进厂时的李兰英只有14岁，可是她却说，这件事改变了她的命运。

1951年在武汉进厂工作的李兰英，由于年龄小，考试总是不合格，可是不服输的她，刻苦学习，经过不断的努力，最终通过了任职考试，成为厂里的正式职工。1954年，李兰英被调到了郑州国棉一厂。刚到郑州时，国棉一厂还没建好，李兰英开始了半年的学习生涯，学习如何开纺车。由于李兰英学习悟性高、技术强，年纪轻轻的她早早地就开始带起了徒弟。她骄傲地说，自己带了好多徒弟，就连新疆纱厂建立时，还有人来跟着她学徒，可以说她的徒弟遍布五湖四海。后来，郑州也慢慢建立了国棉三厂、四厂、五厂、六厂，李兰英成为这些建筑的亲历者和见证人。

谈起自己的家庭生活，李兰英洋溢着幸福的微笑，她家庭成分好，工作技术高，长得也漂亮，年轻时每当厂里有苏联专家来访召开联谊舞会时，总会让她参加。就是在这样的舞会中，李兰英认识了自己的爱人。李兰英提起自己的爱人，比谈起自己的过往更加自豪。李兰英说自己的爱人是东北人，是第一批从阜新电厂调过来的工人。她的爱人喜欢搞文艺，会的乐器多，能吹萨克斯、小号，能打鼓，会跳舞，也爱组织文化宫的各种活动，当初俩人就是在交际舞会上相识的。李兰英说自己的爱人很会打扮，梳着一个大背头，在人群中十分亮眼，自己一下子就相中了他。说到这，李师傅也哈哈笑了起来。老话讲"男怕选错行，女怕嫁错郎"，李师傅是人生赢家呀！

结婚后的李兰英因为工作辛苦加上需要照顾家庭，爱人心疼她，想把她调到修造厂管理仓库。这里的工作相比棉纺厂更加轻松些，但由于李兰英技术突出，在厂里待的时间久，又带出来了很多徒弟，所以当她提出工作调动时，领导一直想挽留她，跟领导沟通多次后，才批准她的工作调动申请。结婚后的两人，一开始住在如今的三十五中那里的宿舍楼里，1993年后搬到了现在住的修造厂家属院。说起自己的孩子，李兰英回忆道，那个时候生活条件虽然不好，但自己的4个孩子也没有让自己费多大的心。修造厂虽小，但职工福利齐全，厂子里有幼儿园，离得也近，上班的时候送过去，下班接回来，十分方便，只是没有什么时间再去跳舞了。但日子并没有觉得很困难，孩子全靠自己和爱人带，既没有耽误工作，也没有让家里人帮忙，和现代人养孩子一家人围着转完全不一样。

李兰英的孩子们现在也在电力系统工作，孩子们也非常努力，工作生活都很好。她说，现在周边的环境越来越好了，到处都修得很漂亮，她每天在月季公园散步的时候都觉得很幸福。只是现在的邻里关系和之前不一样了，以前邻居之间都非常熟悉，谁家做了什么好吃的，都会招呼大家过去吃。现在身边的老人们相继离世，邻居之间的往来越来越少，在家待着的时候往往会觉得十分寂寞。

回想自己的一生，李兰英觉得自己没有经历过什么大苦大难，她始终觉得自己是幸运的，也是幸福的。在聊天的过程中李师傅总是会说，要听党的话，跟党走，因为中国共产党，所以她才有了今天的幸福生活。

赵学超：五好战士保本色

图3-34 电力建设工地

赵学超1939年出生在新蔡县涧头乡杨寨村的代庄，1957年到洛阳拖拉机厂工作，负责技术检查工作。在洛阳拖拉机厂时，他就住在位于洛阳涧西区青岛路10号街坊洛拖单身宿舍里。赵学超1961年入党，如今84岁高龄的他党龄已有60余年。同年，赵学超参军入伍，他在部队吃苦耐劳、任劳任怨，在行军拉练中一路上背枪都比别人多背一支。由于行军路途艰苦，环境恶劣，大家常常吃不饱饭。赵学超回忆说，那时有的战友感觉实在太苦，坚持不下去，不想再走了。不少战友身上有伤仍跟着大部队行军，为了能完成集体行军任务，顺利渡河，赵学超多次背着受伤、生病的战友过河，他的一系列行为被大家看在眼里，暖在心里，后来赵学超被评为"五好战士"。1963年赵学超从运输队转业时，省送变电公司来队里招工，看到他曾在洛阳拖拉机厂工作过，便把他调到厂里，进入送变电公司的财务科。赵学超说，由于自己不愿意从事金融财务方面的工作，向厂里提出要求调到修造厂工作，从此他便开始了在修造厂的新生活。

刚到修造厂的赵学超最开始在办公室任职，后调任团委书记，最后又调去了劳资科。劳资科的主要工作内容是人员的调动、工资、升降级等。劳资科内设有生产计划科、保卫科、财务科和武装部等，那时厂里人最多的时候有900多人。当时一般的年轻工人（三、四级工）的工资大概是64.5元一个月，厂长的工资级别最高，有107元。那时有一个让赵学超印象深刻的人，大家给他起名叫"八级半"。"八级半"原名刘法仁，主要从事钳工工作，由于当时对工人工资评级最高只有八级，但这个人干得比较好，苏联专家专门给他涨了半级，从此以后大家见面都管他叫"八级半"。那时的苏联专家主要居住在洛阳，有时会来郑州指导工作。李兆华是当时苏联专家的翻译，后来去计划科做了科长，到1958~1959年间苏联专家就撤走了。

当时从火车站下车回厂里有两种方式：一是坐1路公交车，走建设路，在桐柏路下车，走回厂里；二是坐12路车，从大石桥出发，走棉纺路，拐到桐柏路后，去363电厂（如今的热电厂）。那时的电厂路就是从热电厂到363电厂，如今改称为秦岭路。那时的西站路很短，还不到嵩山路，另一边仅到桐柏路。当时的火车西站是厂里建的，是专线。如今专线已经没有了，2017年拆厂区的时候就把线路也拆除了。厂区原来的选址在郑上路，如今在洛阳银行西边一点，那里地势高一些。原计划是在热电厂旁边进行选址，离电厂近方便些。后最终选在这里，与送变电相邻，两个厂区仅隔了一个围墙，周边都是田地。经过几十年发展，厂区周边高楼林立，厂区也从郊区变成市中心区。

1995年赵学超又去位于洛阳南边的线路工地工作了一年多，那里属于第三工程处，主要从事架线工作与线路改造，现在属于电网公司。1996年赵学超回来后就光荣退休了。

刘德成：安全生产记心头

图 3-35　修造厂钳工车间

今年已 77 岁的刘德成谈起自己在厂里工作、生活的往事时，脸上总是带着笑容。他介绍说，自己的老家在河北邢台，因为父亲在铁路工作，所以 1958 年时就跟着父亲来到了郑州。刚到郑州时一家人住在南阳路四坡村的铁路家属院，在七中毕业后，刘德成考上了水利学校的水利工程建筑专业。学校毕业后，刘德成被分配到了修配厂上班，刚到厂里工作的刘德成最先被分配到了制杆车间。制杆车间就是制作电线杆的车间，电线杆的长度有 10 米、12 米等多个尺寸，刘德成在其中主要从事灌注组的工作。在那个年代，每个人都是抢着做，就好像现在的流行用语"内卷"一样。如果定量每人每天要完成 30 个杆的标准，那么就一定会有人做 35 个，有人做 40 个甚至 50 个。为此车间领导专门出面，要求工人们严格按照厂里的规定进行生产，不然就会产生生产过剩、产品堆积的问题。

本着干一行爱一行的钉子精神，在制杆车间工作三四年后，刘德成来到了制管车间，这里主要是进行地下水管的生产与制作，刘德成在制管车间里同样负责混凝土方面的技术工作。在这里又干了三四年后，刘德成被调到了铆焊车间,拜师于方振龙师傅学习焊接工艺。聊起自己的师父,刘德成显得十分自豪。方师傅是厂里的8级电焊工,曾代表厂里带队去北京参加技术革新竞赛,是个脑子特别灵活、手上功夫很深的人。不过方师傅的脾气有些古怪,刘德成说自己跟着师父学手艺时还是有些怕他的。之后,出师了的刘德成评上了工程师,在厂里的焊工培训班当起了老师,他最引以为傲的是自己带出来的学生有五六十人。

随着厂里业务的扩大,成立了自己的锅炉安装队,刘德成便从培训班调到了锅炉安装队。他曾支援过焦作李封矿电厂,工作两年,负责锅炉的焊接与图纸检验;1991年时曾在鹤壁淇县电厂支援建设;1993年又到汝州电厂;1999年又来到伊川电厂等,就像是一块砖,哪里需要哪里搬。其间让他印象最为深刻的便是1994年到信阳平桥电厂支援工作时发生的事故。刘德成说,那个时候厂里都是自己的员工过去建设,假期里会有学生过去实习。在信阳平桥电厂建设的过程中,曾有个学生想要通过吊绳跨过一道深坑,由于吊绳没有安装到位,导致该学生从8米高的平台上直接摔到了坑里。这一幕让刘德成无法忘怀,他一遍遍地重复着:安全生产、生产安全是绝不能忽略的重要问题。此后,他时时刻刻把安全放在生产的第一位。

回首往事,刘德成谈到:那个时候的工资并不高,自己的爱人在厂里做铸工,1971年结婚时,流行的"三大件"也只买了一辆"永久牌"的自行车。那时买自行车不仅需要用供应券,还需要花160元。为了能买一辆车,家里还去帮他借了钱。后来自己涨工资后,想要给家里添点东西,被母亲知道后还被臭骂了一顿。刘德成笑呵呵地谈起这些往事,他说那个时候能有块上海牌手表,都是一件值得骄傲的事情!自己在制管车间负责倒混凝土的时候,有一个和自己搭班干的工人,工作时为了避免混凝土的粉尘把手表弄坏,专门在工作前把表取下来,放在胸前的口袋里。但工作时,混凝土的粉尘飞得到处都是,干完活整个人都成了"小土人"了。工友就把自己的工作服脱下来,甩到墙上打灰,结果灰是抖落了,手表也打坏了,工友可是心疼坏了。

那时工资虽然不高,但娱乐活动并不匮乏。刘德成在夏天的时候会和厂里的工人们一起骑车到西流湖去游泳、钓鱼。厂里还会经常举办各种文艺活动,他都积极参加。毕业时和刘德成一起分配到厂里来的有70个郑州水利学校的学生,还有10个郑州戏剧学校的学生,说明厂里对文化建设十分重视。厂里有自己的乐队,还有自己的演出团。团里乐器一应俱全，包括二胡、大提琴、鼓等。演出团队里不仅有普通演员，还有武把子。他们经常排练各种样板戏，如《沙家浜》《红灯记》等，有时还会演折子戏。不仅厂里的工人们喜欢参加文艺活动，厂里领导对文艺活动抓得也紧，那时候厂里去西郊参加文艺汇演，和国棉一厂、四厂、六厂等比赛，还拿到了不错的名次。刘德成喜欢参加厂里的这些文艺活动，他说自己不仅唱戏，还参加编排情景剧、少数民族的舞蹈等，不仅在厂里演出，也去给武警部队演出。

现在的刘德成仍然热爱着文艺活动，他说自己每天都会去月季公园里和朋友们一起演出，他们会拉二胡、板胡、手风琴，还会跳舞、唱戏，退休生活丰富多彩。

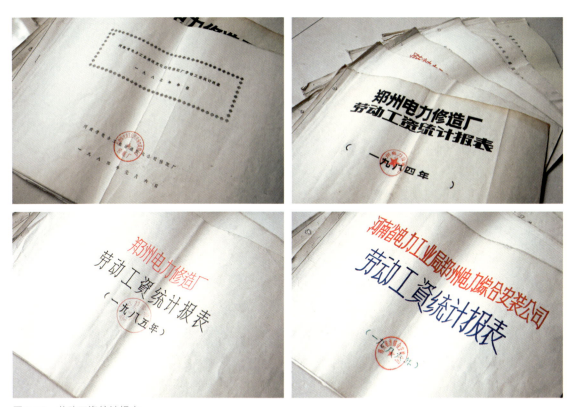

图3-36 劳动工资统计报表

赵忠升：为了厂里四处奔波

图3-37　赵忠升与夫人

生长在北京的赵忠升讲起话来还带有淡淡的北京口音，若不是他自己讲起来，很难想象他已在郑州生活了58年。从北京电力技校毕业后，赵忠升在1964年来到了河南省中原工程公司总部工作，1965年到了新乡璐王坟电厂，干的是安装工作。那个时候正赶上"文化大革命"时期，但电厂里的生产并没有受到太多的影响。赵忠升说，那个时候电厂外面闹得很乱，但电厂里面没有一点痕迹，毕竟生产生活哪里都离不开电，要是电厂罢工了，那什么也干不了了。1968年，赵忠升又被调到了平顶山，为姚孟电厂打基础。他回忆起那时的生活，不禁感叹道，那时的日子是真的很苦。姚孟电厂在山里，所有的工作都需要厂里自己干，要在哪里建厂，就得自己去开发那片地。从爆破到打孔再到建设，每一个环节都需要自己干，工作和生活的条件都非常艰苦。但每个人对工作都抱有十二分的热情，都比着干活，为了不影响工程进度，每天都在加班加点。有人比要求的截止日期早一天，就有人比截止日期早两天，这样相互比着干，厂里既不会给大家加工资,也不会有更多的福利待遇,可那时候大家的积极性就是这么高。在姚孟电厂完成了1号和2号机组的建设后,赵忠升被调到了上海接触进口设备小组,从此开始了奔波的生活。

在上海接触进口设备小组时,赵忠升需要上海、北京两地来回跑,这一跑就是三年。后来从北京调到河南电力建设总公司,工作两年后公司撤销了,他选择来到了电力修造厂工作。刚到修造厂时,赵忠升被分配到电机维修口上班,干了3个月,因有外联经验,厂里就把他调到了供应科。来到供应科后,他就跟着厂长常常去北京的工程部出差。那时厂里车少,他前前后后往工程部跑了好几趟,终于给厂里"磨"来了两台车。不仅有车,连厂里生产所需要的原材料也是赵忠升一趟趟往工程部跑出来的。他说那个时候制管车间需要把钢管变成弯管,管壁厚只有9厘米,之前国内都没有生产的,只能从国外进口。厂里为了能生产出来这样的弯管,需要原材料进行实验研究,可这原材料也很难买到。赵忠升就经常往北京的电力部跑,要材料给厂里做实验,这材料只有部里批了才能买得到。在计划经济体制下,这样一趟趟地往北京跑,还真为厂里解决了不少问题。

赵忠升说自己来厂里的时间不长,但见证了厂里不少的变化。刚来厂里时,厂里的制杆产量每天只有三四十根,后来每天的产量涨到了八九十根,翻了一倍还多。厂里还成立捞渣机研制小组,研制的过程费时费力也费钱,但好在最后研制出来了,也成功卖出去了,算是给厂里增加了一笔收入。

赵忠升不仅在工作上为厂里四处奔波,在文艺宣传方面,他也代表厂里去了不少地方。他回忆说,那个时候的厂里有工人们自己组织的宣传队,不到30个人,大家自己编排话剧、舞蹈,以宣传毛泽东思想为主。那时候中非关系比较好,大家伙还编过阿尔巴尼亚的歌曲,学过"黑人"的舞蹈,这些歌曲现在他还能哼唱几句。宣传队那个时候经常到处演出,还曾去205部队慰问演出。赵忠升说,那个时候条件不好,大家都以为去部队里演出能吃得好住得好,没想到到了才发现,部队里的条件也不行,那时候的"四菜一汤"就是四个咸菜和酱菜,还有馒头和稀饭,还没有厂里的伙食条件好。虽然条件不好,但大家伙的热情十分高涨。宣传队南下演出,全部是自己联系吃、住、行。宣传队出行全是靠自己去火车站联系,坐的都是货车车尾押车的车厢,又窄又小,车厢中间还放着一个锅炉,宣传队员们全部挤在一个车厢里,从郑州到咸阳,再到长沙、衡阳、信阳等,去了很多地方演出。赵忠升说,宣传队去到哪里都是自己联系,他们去过单位、学校、医院等,到了那里对方不管吃也不管住,条件很苦,大家住过别人的商铺也睡过地板,连每次演出的场地也是自己搭台布景。在外演出的时候,每天从早上7点干到中午,吃一碗面条后继续干活,一直干到晚上。可即使是这样艰苦的条件,也没有消减过大家的热情,每个人都是自发参与到厂里的宣传队工作中的。

如今已77岁的赵忠升虽早已退休,却还参加着厂里退休办组织的合唱队、锣鼓队和舞蹈队等,每天都会参加排练,参与厂里退休办组织的演出和比赛。虽已满头白发,但在赵忠升的脸上看不出一丝的倦态,他讲起自己的往事时总是满脸容光,神采奕奕。

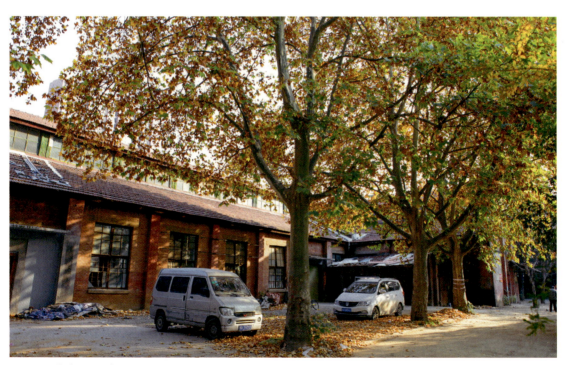

图 3-38 修造厂金工车间

李志州：闲暇时会去看看火车

李志州 1949 年出生于郑州，祖籍河北省沙河市，小学就读于郑州市青云里小学，中学就读于郑州二中，后在郑州水利学校就读，1968 年毕业后来到该厂工作。

谈到刚参加工作时的情景，李志州印象深刻。那时厂子还叫华北电力建筑公司中原工程公司修备厂，这个名字仿佛刻在了他脑海里一般。这是因为那时厂区的周边十分荒凉，刚参加工作的李志州来到单位报到时，担

图 3-39 铁塔安装取证

心走错，专门在厂区大门处对单位的牌子确认再三，那时的厂名让他一直记到了现在。那时厂里有制杆车间、金工车间、铆焊车间、铸造车间、锻工车间、制管车间等。刚进入单位的李志州被安排在了制杆车间，1988年调动到劳动资料科室，离开了生产加工的第一线。1992年李志州被任命为单位党委办公室主任，1999年从事机关工作任党支部书记，2003年被任命为单位退休办党支部书记，直至2009年退休。

刚参加工作时，单位里的职工以东北人居多。那时的东北为国家的重工业基地，为了支援内地的工业建设，从东北来了很多工人。在七八十年代的时候，单位为了给员工增加福利，在单位内增加了一个大蒸箱，提前为员工把米饭蒸好，方便了员工的生活。那时单位里有铁路专运线，有往来的水果运输。外地运进郑州的香蕉，刚到郑州时都是生的，为了能让职工尽快吃到香蕉，厂里还将香蕉放入蒸箱内蒸熟。到九十年代的时候，厂里搞文明建设，还和部队一起搞了军民共建。由省委宣传部联合举办，与解放军的一个旅一起，那时部队驻扎在郑州西边的荥阳附近。

谈到工作之余，李志州说，那时的厂子附近十分荒凉，周围都是菜地、麦地或是十里铺的坟地，没有什么玩耍的地方。老职工跟他说，郑州西站常会有火车停在那附近，实在无聊的时候可以去看看火车，这件事成为他刚进厂时唯一的休息活动。那时的文化生活很匮乏，没有电视机，厂里只有周六会组织统一放电影，平时若想看个电影或是戏曲，只能到建设路的工人文化宫去，但交通方式单一且路面坑洼，不方便行走。到了1981年李志州的家里购买了电视，是一台12寸的黑白小电视机，大约是300元。为了可以买到一台电视，李志州起了个大早跑到西大街去购买。在那个年代，谁家能拥有一台电视机是一件非常荣耀的事情，邻家的孩子们都会跑过来看电视，家里热闹得不行。拥有彩色电视机时已到1988年了，后来在九十年代时电视机开始普及，大家对电视机便不再那么稀罕了。

在职的时候，厂里举办的文艺演出及大型活动不算丰富，一般就是过年时开的团班会，大家在一起热闹一下，时间不长，就一个上午。退休后，李志州参加的文娱活动就十分丰富了。退休办每年元宵节、春季、秋季等都会给厂里退休的老人举办各种活动。同时，还会组织他们代表电力公司参加文艺活动比赛，他们为厂里得到了不少荣誉，其中比较大的活动当属省委宣传部举办的纪念抗日战争胜利 50 周年的合唱比赛。当然，李志州自己也常和朋友们一起组织各种活动。他喜欢唱歌，会些乐器，每天早上都和附近的邻居们一起在月季公园里唱歌，还和朋友们一起组了个小乐队，自己吹笛子。二三十人的团体活动，让他的退休生活也丰富多彩。

万冠盛：以身作则，轻伤不下火线

万冠盛是厂子里较早的一批老职工，如今已70岁的他在谈起厂里的过往时，头脑清楚、思维敏捷，对于厂里加工生产时的点点滴滴他都印象深刻。

1952年出生在江苏无锡的万冠盛是在1958年修造厂（郑州电力修造厂）建立时来到的郑州，那时的他只有6岁，可以说是和修造厂一起成长起来的。刚到郑州时，万冠盛看着大人们每日不辞辛劳地修建厂房。据他回忆，那时候条件很艰苦，工人们就学习大庆的精神，都住在土房子或者用竹子搭建起来的茅草棚里。用当时的话说，他们就是用"一个车皮拉过来"支援郑州建设的。这些工人们大多来自于东北四十五工程处和四十六

图3-40 职工生活区鸟瞰图

工程处，当时的单位叫华北中原电力建设工程公司。万冠盛说，当时支援郑州来的东北人很多，占了厂里一多半的人，后来有些就回去了，有些留下来的就扎根在郑州了。那时只要是在厂里随便找个工人聊天，多半都能听到一口流利的东北口音。

作为电力系统子弟的万冠盛，在1968年"文化大革命"时期，他和同为子弟的同学们一起下乡参与建设，直到1971年才回到郑州。刚到郑州参加工作的万冠盛来到了钢厂，在那里一干就是五年的时间。后来为了能够更好地照顾家里人，万冠盛向厂里申请调到了修造厂，从此便在这里扎下了根。

刚到修造厂时，万冠盛以技术工人的身份从事铆工工作，那时修造厂主要承担的是加工配置的工作，具体来说就是电厂的风道、烟道的连接设置，配件生产等。谈起那时的工作，万冠盛十分激动，他回忆道，当时厂里的机械化程度不高，十个厚的钢板做成一个"大小头"的连接装置，需要工人们抢着十二磅的大锤，一锤锤地砸出来。这个过程不仅需要力量，同时还要求准头，经常是几个工人轮流干，不停歇地换着人锤打，直到下班时才停下手里的大锤，这时工人们的血流得满手都是，中午吃饭时手都肿得连筷子都拿不住。但为了国家的建设，工人们就是这样地努力付出，他

们为厂里获得过很多的荣誉、奖章等。讲到这里时，万冠盛的眼眶里有些湿润。

在铆焊车间从技术工人做到车间副主任，万冠盛开始参与车间的材料配比和加工生产，每一处都要经过详细的计算和实验，避免出现浪费的现象。他任车间副主任时，车间主要负责铁塔的加工配置，工人们需要严格按图生产，厂里配给车间的原材料也严格按照图纸的设计计算得出。若是生产过程中出现原材料短缺的问题，需要先把铁塔的设计图进行1∶1放样，重新进行计算，确认为图纸设计有误后，才能进行原材料的补充。在制杆车间里，生产时剩下的水泥料也不会作为废料随意处置。厂里会让工人将废料做成水泥方砖，日积月累，方砖的数量逐渐形成了规模。后来厂里进行厂区环境修整时，这些方砖就用来铺砌厂内的广场地面。万冠盛谈到这些细节，脸上流露出了一种自豪感。

万冠盛回忆起厂子刚建立的时候，实行的是北京的工资标准，比当时河南的工资水平要高一些。后来讲求"精细化管理"，厂里的效益一直都很不错，只要国家出台涨工资的相关政策，厂里都会第一时间将工人们的工资进行调整。随着改革开放，计划经济减少，厂里的活也慢慢减少。万冠盛说那时候厂子为了让大家有活干、有钱赚，就带着工人们一起"闯市

场"，在市场上找活给工人们干，就在那个时期，厂子里完成了好多"难啃的骨头"，比如建设黄河大桥的模板，煤机的顶板、护板、垫板等都让工人们干过；还有一些别的厂不敢干的，修造厂的工人们也敢干。万冠盛激动地说，那些现代人只在电影里面看到过的煤矿里运煤用的轮斗机他们就做过。轮斗机的大梁有50多米长，当时找了很多机械制造厂，也找了水工机械厂，当时的水工机械厂在钢结构方面是十分厉害的，他们制作了三峡大坝的闸门。但这个活水工机械厂没有接，就交给了修造厂生产。万冠盛回忆起那时的制造过程仍然历历在目，轮斗机的大梁不仅又长又高，且轨道与侧板间的对角线要求容错不能超过3毫米，制造所用的钢板全都是靠工人们一块一块拼接起来的。

对于厂里印象深刻的人，万冠盛不假思索地想到了"花书记"——刘庆宁。他是抗美援朝的老干部，从炮兵学院转业到单位来的。管他叫"花书记"是因为他喜欢企业文化的建设，碧沙岗公园的花展布置和文艺活动他都积极参加，在他的身上你能感受到一种积极的、生生不息的精神，感染着周围的每一个人。

图3-41 中频弯管机之一

图3-42 中频弯管机之二

卞素珍：以身作则争当先进工作者

卞素珍从小便跟随父亲从东北阜新原厂来到郑州，一家人最早先到洛阳，后来到了郑州。刚到郑州时的卞素珍只有两三岁，那时家里在郑州没有地方住，只能先住在农村，后来住进了平房，再到瓦房，那个时候厂里的员工在外租房住，厂里会给补助。卞素珍从小成长在电厂的大院里，当她回忆起刚建厂时的情景时，她说那时候的厂子属于电力公司下属的修配厂，主要的工作内容就是配合电厂，进行一些修修补补的工作。那时厂里年轻的工人大部分都在野外工作，有的派去了安阳、鲁山等地。年纪大一些的工人就在厂里做一些轻松点的活，这属于厂里对于老员工的照顾，让他们不用再去外地奔波。改革开放后，就改为实行"自己吃、自己住"的政策。

作为电力系统子弟的卞素珍，从小到大就没有离开过电力系统。她的小学就读于郑州热电厂的子弟小学，中学就读于郑州三十五中，该中学也属于火电二公司的学校，教学楼是由火电二公司的办公楼改建而成的。不仅是卞素珍的成长没有离开电力系统，她的家里人除了父亲是从东北来支援郑州建设的外，她的哥哥和大姐在华山秦岭电厂工作，侄子在新乡供电局上班，卞素珍笑着说自己家里三代都在电力部门，没离开过电力系统的建设。

从小生长在电厂大院里的卞素珍对于厂区内的布局也印象深刻，她记得最开始进厂区的时候必须要下车，推着车走进厂区大门。进入厂区大门后是个制管车间，还有一个铆焊车间、铸造车间和竣工车间。而制杆车间则是最早修建的，后来场内不再进行制杆生产，就将制杆车间改为铆焊车间，和原有的铆焊车间分为一铆和二铆。她回忆起刚进厂区的景色，便

图 3-43　卞素珍荣誉证书

是那几颗高大的雪松树,又大又好看,就种在办公楼前,每每看到它们,卞素珍总会驻足停留,好好地观赏一下,后来厂区拆迁,这几颗大雪松树不知道移植到了哪里。之前厂区里还种有一颗很大的皂角树,卞素珍说"文革"的时候肥皂很不好买,大家就都用皂角洗衣服,现在这棵皂角树也不知移植到了哪里。说到这些时卞素珍的眼里流露出一丝遗憾的神情。

20 岁时卞素珍便进厂开始了自己的工作生涯,她最初在厂里主要负责水泥管内胶套的制作,大概在 1980 年左右调到了焊工部工作。那时焊工部的主要工作是焊接铁塔上管子的四个角,在这个岗位上卞素珍一直干到了退休。说起那时的工作,卞素珍回忆说,1975 年厂里的工资虽然很低,工人们每个月只有 20 多、30 多或 40 多元,但那时 15 块钱就够一个月吃饭的,厂里对员工的生活还是很照顾的。工资虽然不高,但大家的工作热情却十分高涨。卞素珍那个时候上班的时间是从早上八点到晚上八点,而晚上八点到早上八点则是由男同志工作。谈起工作时的事情,卞素珍十分自豪,她说厂里最多的活就是为郑煤机干井下的液压支架,她在工作的时候几乎就没有抬过头,手里两个焊板来回替换,一刻不停。就这样努力、辛勤地工作为卞素珍赢来了河南省电力系统先进生产者的荣誉,就连当时的送变电公司都来厂里学习做铁塔的技术。

1977 年结婚后的卞素珍就搬到家属院里居住,最开始家属院附近都是朱屯村的地,厂区旁边的路都是灰渣地。后来由卢植学主任带领大家一起修路,但修到家属院门口就不修了,大家就各自修各自的。由于当时的朱屯村很穷,村子里都是茅草房,厂里建了家属院之后就开始有村里人在家属院的周边卖菜了。后来朱屯菜场里卖菜的人越来越多,附近也都是十分热闹。家属院到了晚上还能听到火车的声音和窑厂的声音。对于当时厂区内设置的火车站点卞素珍印象十分深刻,她说那个时候女儿还小,她一人带女儿去华山只需要在厂区内乘车即可,虽说那时候都是绿皮火车,但在厂区内乘车让她感觉到上下车都十分方便,路上用的时间也不会太长。

谈到以前的生活,卞素珍回忆说,1960

图 3-44　卞素珍在月季公园

图 3-45　卞素珍参加自行车比赛

年代时出门可以骑自行车，但路很不好走，坑坑洼洼，很多时候只能推着车走。她说自己当时需要带着家人去骨科医院看病，还必须要借助人力的三轮车才能把家人带到医院。当时的骨科医院条件不是很好，挂号很难，看病并不是很方便。那时候厂区附近不像现在这样繁荣，没有什么饭店，除了朱屯村和菜场，便只有荒地了。改革开放后，厂区周边的环境慢慢好了起来，饭店慢慢多了。卞素珍说，自己在铆焊车间工作时车间的效益不错，厂子给员工的福利也很好，一直到她退休时都是很好的。工作时认真负责的卞素珍，退休后的生活十分丰富，她时常会去小区里和大家一起唱唱歌，也经常参加退休办组织的大合唱等活动。

朱云志：平平淡淡过日子

1961年出生的朱云志是云南人，取名时也借了这个谐音。父亲是电厂的职工，1979年父亲退休后接班上岗。在厂里平平淡淡地生活工作了41年，直到2021年11月正式退休。

谈到小时候的生活，朱云志说，单位那个时候只有一栋楼，就叫一号楼。因为父亲比较年长，所以在一号楼里分到了房子，而这栋楼就是朱云志记事的起点。那个时候家在三楼，印象特别深的是，当时每家都要烧面煤，所以楼下都有自家用黄土砌筑的放煤的池子。夏天的时候，大家会带着席子到屋顶乘凉，等到晚上八九点的时候再回家。由于自己是家里最小的孩子，哥哥姐姐们吃的苦比自己多。上小学的时候，国家的经济已经好转了，物资也已经不再贫乏了，所以也就没有经历过物资贫乏、吃不上饭的苦。

小的时候，家旁边隔一条马路有一间烧砖窑厂，到1980年代之后，窑厂就不再生产，慢慢就被占为他用了。以前家旁边的田地很荒凉，没有桥，下雨出门还需要翻铁路，后来桥修通了。日子就这样慢慢地一点点地发生着变化，没有突然间地巨变，但就是这样在生活中一点点地改变着。

在1968~1969年间，朱云志说自己的父亲在周末时还会在厂区里溜达。那个时候的夏天，上通班，到了晚上厂区里的锻造车间、翻砂车间、水泥管车间等都灯火通明，工人们干得热火朝天。到八十年代以后，好多车间慢慢就没有了，像铸造车间、翻砂车间等。

修造厂有自己的配套设施，包括职工食堂、幼儿园、餐厅、宿舍、医院、浴池等。虽然学校不属于厂里，但厂里给学校投入了很多，比如厂里会派老师去学校上课，同时还给教师支付工资。企业的负担相对较重，像医院、食堂等都不怎么挣钱，更多的是给职工的福利。很多从厂里出去

图 3-46　火二公司社区

图 3-47　焊接技术交流

当兵的，还有定向委培、上山下乡的人，都会陆续回到单位来。

那时房子少，为了让职工们都有住的地方，还产生了好多专有名词。像"一单挑"啊，就是说自己来城市工作了，家属还在农村，这样的人在厂里就会分到"单身院"里住；还有"团结户"，就是三家人共用一个厕所，那个楼就是现在社区里的五层红楼，是1985年建成的，曾代表了单位的形象。这些词现在的人好多都没听说过，也体会不到那时的感受了。

参加工作后，单位有分房，不过要求不能在其他单位有房。朱云志说，当时他的爱人和他俩人是双职工，如果要在单位分房子，就需要对方的单位证明没有房子。那时朱云志分了一个50多平方米的房子，就在院子里的红楼上，有产权，环境很好，生活恬静。

图 3-48　修造厂南办公楼

图 3-49　修造厂北办公楼

耿长鑫：一年在车上过了八个月

图 3-50　耿长鑫近照

1965 年耿长鑫在武汉基建局四十五工程处参加工作，四十五工程处地处洛阳，由于那时归武汉管辖，所以称为武汉基建局四十五工程处，1960 年 2 月 23 号他从洛阳调到郑州电力修造厂。

在来郑州前耿长鑫在洛阳电厂里负责机组的安装工作，回忆起那时的工作，他印象深刻。耿长鑫说，那时我国最大的生产机组只有 3000 千瓦，与国际上比较是有些落后的。而当时苏联援助我们的机组是 25000 千瓦的，所以那时的耿长鑫不仅学会了如何安装 3000 千瓦的国产机组，也会操作苏联援助的 25000 千瓦的机组。由于懂这个技术的人不多，所以哪里需要安装都会派他过去支援，当时平顶山搞 3000 千瓦机组的安装，他就过去支援了，那段时间的他没少往各地跑。

身为郑州人的耿长鑫，原本是洛阳电厂的主力员工，由于家里只有母亲一人在家，心系家人的他申请调回郑州工作，领导体谅他的不容易，就批准了他的申请。耿长鑫刚到郑州的时候没有地方住，就在朱屯村里租房住。后来厂区里建了一号楼,一共三层,每层10户人家。虽然厂里建了家属楼,但由于耿长鑫那时在厂里的工龄不算长,没能分到房子。直到1963年时,耿长鑫才搬到了1号楼内居住。耿长鑫回忆说,那时候厂里有一个砖砌的拱形结构的食堂,由于造型独特,给他留下了深刻的印象。

耿长鑫回忆说,自己刚到郑州的时候修造厂还没建好,1959年征地,1960年还处于建厂阶段,还未完全建成。他那个时候还带领着工人们一起修建厂房,印象最深的场景就是他带领着大家一起给厂房装窗户,大家干劲十足,一干就是一整天不停歇。耿长鑫对厂区初期的布局印象深刻,他说那时候的厂门在西,面冲南,厂区的西边有正在建的办公室,东边则是建好了的平房办公室,厂区里面的精工车间、锻工车间和铸工车间都正在修建,还有一个没有顶盖的棚子用作仓库。

刚来修造厂的时候,耿长鑫干的是铆工,谈起铆工的工作,耿长鑫说,铆工就是制作锅炉上的烟道、风道等六道的加工工艺。刚参加工作时,他一边带领着工人们修建厂房,还干着铆工的生产加工工作,制杆车间修建完成后,他又开始带领大家修建大罐车间,就是用来生产水泥大罐的车间。

在修造厂里,耿长鑫相继任职铆工组组长、铆焊车间主任、铸工车间工会主席,后来从生产一线上下来,做了经营方面的工作。1987年耿长鑫任经营科科长,这项工作需要为厂里承揽任务、签订合同、工程验收、催款

图3-51 忙碌的职工食堂

图3-52 一丝不苟的工人们

等，他在这个岗位上一直工作到退休。经营工作需要耿长鑫全省各地来回跑，为了承揽工程，他会经常去安阳、洛阳、平顶山等地，谈起这些地方耿长鑫笑着说，他都熟悉得很。那时候一年的时间里，他有8个月的时间都在车上，在全省各地到处转。一开始家人们不理解，后来慢慢地就明白了他的辛苦。那时候厂里主要做线路工程，让他印象深刻的是当时在平顶山鲁山县有一个22万元的线路工程，这在当时是一个非常大的项目工程。因为那时候安装的电线杆、水泥杆、铁塔等都是厂里自己加工生产，安装工程也是厂里承接。

说起厂里货物的流通，耿长鑫骄傲地说，那个时候咱们厂的管网基本上全国都有，就连新疆用的都是咱们厂生产的产品。那时候新疆来郑州拉货，就是通过厂里的火车专线进行运输，如果产品到那边出了什么问题，还需要他们过去维修，因为那边没有懂这些技术的人，那个时候，耿长鑫也没少去新疆解决问题。他笑着说，自己这辈子因为工作的原因，全国各地没少跑，基本都去过。

耿长鑫谈起现在周边的环境忍不住竖起了大拇指，他说以前厂子周围很荒凉，什么都没有，不像现在，路也修好了，还修了月季公园，周边的饭店、超市等各项设施十分便利。他时常会去月季公园内散步，从家里走到月季公园，这一路特别漂亮。他说自己现在心里啥事也不想，每天就放松地、开开心心地玩，该吃吃、该睡睡，什么事儿都不会让他烦心，好好享受现在的好生活。

图3-53 生产现场

图3-54 项目工地

王郑钢：实验室里的"老牛"

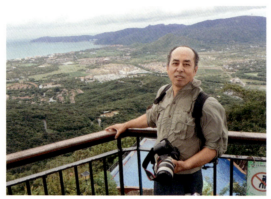

图 3-55　爱好摄影的王郑钢

王郑钢的父辈早期"闯关东"，从山东到了东北，为了一家人的生计，他的父亲和大哥便在辽宁阜新参加了工作，后来父亲参加招工从阜新分到了洛阳。1957年王郑钢的姐姐在洛阳出生，1963年王郑钢在郑州出生。

王郑钢回忆说，1958年刚建厂，那个时候他的家人也刚到郑州，没有地方住，所以一家人只能在十里铺租房住，那时候租房国家会给报销。后来家属院里盖了1号楼，一共3层类似筒子楼的形式，一层楼里大概有七八家人家住，大家共用一间厨房，那时候他家分到了一间房子，是1号楼的3层。1970年前后，家属院里同时盖了2号楼和3号楼，后来又同时盖了4号楼和5号楼。4号楼建好后他家就搬到了4号楼里居住。

王郑钢从小就有一个外号叫"老牛"，这个外号是由于他的妈妈在职工食堂当厨师，他四五岁的时候家里大人上班，哥哥姐姐上学，没有人照顾他，但他自己整天在外面玩，也很皮实，所以身边的人就给他起了个外号叫"老牛"。王郑钢笑着说，一直到现在这个外号都还有人在叫。

王郑钢的小学就读于育红小学，中学就读于五十二中，1981年妈妈退休后，他就去厂里接班了。当时厂里组织大家考电大，他考上了电大的热能动力专业，便脱产带工资上了三年的大学。说起带薪读书的事情，王郑钢很是自豪，那时大家的工资都不高，能考上电大也不容易，厂里为了鼓励大家去学习深造，就有了"带薪读书"的措施，既可以让大家安心读书，还不用为了生计发愁。毕业后的王郑钢回到车间工作，他先是在整个金工车间内轮转，而后因为在电大的学习经历又被调到办公室开始搞技术研究。

说起自己的经历，王郑钢笑称，自己这一辈子都在和这厂里的老实验室打交道。他与厂里实验室的渊源要从他上幼儿园说起，实验室的前身是厂里自己的幼儿园，而王郑钢小时候就在这里上学。等到他上班后，厂里将幼儿园改建为实验室，单位把他调到了实验室工作，主要研究电力的无心检测，在这个实验室里他一直干到了退休。不仅在工作上王郑钢与实验室有渊源，连生活上他也与实验室有很深的交集。1990年，王郑钢结婚后没有房子住，恰逢实验室搬到其他地方，他就在空闲的实验室里又居住了半年的时间，直到单位分了新房他才从实验室里搬出去。厂里后来将实验室搬到了南办公楼里，2000年公司和火电二公司合并后，又将实验室搬到了高压管件厂，还把金工的两间实验室分给他们作为仓库。谈到单位名称的变更，王郑钢更是如数家珍。单位转产前叫电力修造厂，在计划经济的时代，电力厂的零部件由修造厂进行生产。计划经济结束后，厂里主要的工作改为电气安装。1988年的时候单位改名为郑州电力综合安装公司，大概半年后改为河南电力综合安装公司，最后将综合二字取消，改为河南电力安装公司。

对于小时候的娱乐生活，王郑钢也记忆犹新。由于厂里生产不能断电，所以厂里有两路电线，那时候用电还不需要交钱，所以家属院里的篮球场就变成了灯光球场。七八十年代的时候，国家发展体育，每个单位都有自己的篮球队，篮球队员们还可以占用上班的时间去训练。除了打篮球外，厂里的男孩子们喜欢踢毽子，女孩子们喜欢踢沙包。由于厂里制杆车间会有废料，王郑钢还带领小伙伴们从家属院里的防空洞进去，那里出来正好对着厂里的制杆车间，他们从那里背着铁环出来，在家属院里推铁环玩，这种活动现在的小朋友已经非常陌生了。

王郑钢说，每周四单位都会放露天电影，周边郑煤机厂、棉纺厂等每个单位都会有一个固定的时间放电影。所以每周都会在不同的时间去不同的地方等着放电影。碰上厂里给放电影的时候，需要在下午5点就去文化宫电影院把机器和放电影的老师接过来。王郑钢回忆道，早期的电影是黑白的，放映机比较小，后来变成彩色电影后就需要两台放映机来放映了。每次放电影前，都会有很多小孩儿来帮忙，搬胶片，划圈占位置。那时的电影类型以战争片居多，如《地道战》《地雷战》《小兵张嘎》等，每次电影放映前还会先放会儿新闻简报。这些事情王郑钢回忆起来都历历在目。

1992年，恰逢工作需要，王郑钢喜欢上了摄影，他每天在实验室里给金属纤维组织拍照片，就由此开始了他的摄影之路。实验室里有一台德国的林哈夫相机，用的是胶片。那个时候相机用的还是电影的胶片，需要买回来自己剪裁，自己冲洗。好在厂里有这个便利条件，王郑钢便学会了冲洗胶片的手艺。后来王郑钢自费买了一台500元的海鸥相机，用来记录生活中的点点滴滴。

图3-56　修造厂实验室

图3-57　家属院的红砖住宅楼

张钦：忆往昔，岁月峥嵘

图 3-58 张钦工作照

中国电建集团河南工程有限公司总经理张钦，自 1990 年毕业后就来到了电建厂，一干就是几十年，刚来单位的时候，整个厂区的所在地还十分偏远，周边都是麦地与村庄。他们刚来的时候只能住在正对大门的一栋 3 层楼上，这栋楼并非专门为员工准备的宿舍或招待所，而是为安装公司准备的培训教室。一共 3 层的小楼，一、二层是主要用作培训的教室，日常对厂内司机进行交通规则的培训等，他们则住在教室上面的第三层。直到后来在厂区内相继建设了招待所、公寓后，他们才从那栋 3 层小楼搬出来。结婚后的张总被分配到了一排小平房中的一间，这里虽不能和现在的住宿条件相比，不具有独立的卫生间与厨房，但在当时的环境下，这一小小的单间对他来说已是十分满足。谈起曾经的住宿条件，张总调侃着说，自己住在平房里时完全没想到有一天能住进一栋 6 层的楼房，一下子从单间变成了 140 平方米的大房子。能够住上条件这样好的房子，张总认为，还是要感谢当时的住房政策，才拥有了属于自己的一套大房子。

几十年里忙忙碌碌，张总印象最为深刻的，便是在项目上那段峥嵘岁月了。张总所学专业是计划统计，但分配到单位后一直从事工程基础、架设工程线路等工作。刚到项目上的他也不过是二十多岁刚毕业的学生，经过长年累月在项目上的磨炼，让他得到了很大的锻炼。在项目上的工作是十分艰苦的，住宿条件差，所有的人都住在一起，由于架设线路涉及的线路点较多，所以天一亮大家就要乘坐"老解放"卡车前往项目地。卡车头里只能坐下两三个人，其余的工人只能一起坐在车后的大棚车厢内。冬天特别冷，他们都蹲在车斗内，等到了地方之后，每个人的腿都冻麻了，也不敢从车上往下跳，只能蹬着轮胎一点点地下车。后来条件慢慢变好了，"老解放"换成了"北汽212"的双排座客货车，前面可以容下6人，后面带车厢。由于当时车少，线路点又多，每天一大早把他们拉到项目上后，只能等到晚上天黑车来接人才能回。项目一般都地处偏远，周边皆是荒山野地，一待就是一整天，哪里也不敢去。由于架设线路的工作中间不能停，从第一公里到第十公里中间都要有人，所以那时候只能由专人送饭。虽说送饭的车一般从早上10点半就已经出发了，但送到最后一站也已经到了下午。再加上工作内容与工作地点的特殊，送的饭菜一般主要以包子、卤面为主。夏天天亮得早，一般早上四五点就起床了，六点之前他们已经被拉到项目上。刚去的时候张总还是项目中较为年轻的那一批，他说自己除了每天日常的工作外，还要担负起早上敲门叫早的工作。那个时候大家工作都很辛苦，早上起床都比较困难，他则需要比其他人都早起半个小时，然后一个一个敲门。张总笑着说，一般敲一遍的时候，里面的人只是应声，不会起来。这时候他便回去洗漱，再敲第二遍。一般这时屋内的人便会把灯拉亮，但有些"起床困难户"还没起来，这种情况他就需要去敲第三遍的门。因为担任这样一个不讨喜的工作，当时的工友们都很"烦"他。

回忆起曾在信阳五星站工厂工作的时候，张总说，那时是夏天，每人发一个军用小水壶，冬天不保暖，夏天不够喝。刚去的时候没经验，只要渴了就打开喝，结果不到中午就喝完了。整个下午都渴得不行，但附近也没有农家，没有水，有时甚至想喝稻田里的水。

在项目上工作虽然辛苦，但对张总来说还仅仅只是条件上的艰苦，施工中与当地老百姓打交道也是一项重要工作。他回忆道，那个时候总会出现钉子户，有时候他们刚到现场还没开挖，就已经来了许多老百姓把他们围起来，不允许他们施工。曾经和他们一起工作的司机常军，还曾被当地老百姓追着绕车跑，只是因为他和对方解释自己是来搞施工建设的，但对方不听，没协调好就可能受伤，还是很危险的。

回忆起曾经在项目上的日子，张总感慨道，虽然单位里逢年过节都会组织一些体育活动或者朗诵比赛，但他们因为在项目上往往没办法参加，所以他们的娱乐活动十分有限，一般就是下班后约三五好友一起打打乒乓球或打打牌、下下棋，在快节奏的工作生活中，感到时间也过得飞快。

一直生活在这里的张总见证了单位发展的与时俱进，从刚开始的荒凉地到如今的城市建设，从土路、煤渣路到如今的柏油大道，虽然曾经在家门口的红高粱快餐店没有了，当时新颖的阿波罗小超市也早已不知搬到了何处，但从工作时就一直去的理发店"新南京"还在，犹如延绵的人间烟火，感受着城市的温度。

图3-59　河南省高压输电线路

第 四 章

月季花开

郑州市的市花,闻名华夏的月季之城,月季花开,十里华居,幸福满园。

01 郑州绿城

　　1953年省会从开封搬迁郑州,开始大面积种植法桐作为行道树,在1970年代郑州被称为"绿城",尤其是金水路、文化路、南阳路、黄河路等主要干道,夏季遮天蔽日的绿荫形成长廊,深秋一片金黄,成为城市风景。进入冬季,满地"毛毛蛋",踩上一脚嘎嘎作响,"打毛毛蛋"成为那个年代孩子们互相追打的游戏和乐趣。法桐树的缺点是法桐果球成熟后,散落的种子里面会飞出许多飞絮,随风飘扬,不仅迷眼睛,还影响呼吸,成为"公害"。自1980年代开始,市政府着手治理法桐,用郑州市法桐研究所的办法,砍除法桐枝干,在树桩上进行嫁接,自此,郑州不少主街的绿荫长廊就变得像中年人的脑袋,头发稀疏起来。

图 4-1　郑州法桐树街景

为郑州绿城添彩的还有郑州市的市花——月季花,所以郑州也被誉为"月季之城"。月季和玫瑰都属于蔷薇科,有许多人分不清月季和玫瑰,街道两边、公共绿地和机关单位、居民区内随处可见的各种月季花卉,给城市增添了几许浪漫。

图4-2 郑州绿城风貌

02 月季公园

图 4-3　月季公园鸟瞰

月季公园位于河南省郑州市西站路80号，电力修造厂厂址东侧，占地面积7万平方米，原为郑州市城市园林科研所科研生产用地，所以与电力修造厂从一开始就结下地缘，成为厂区环境的一张宝贵名片。2004年11月，郑州市政府决定将苗圃改建为月季公园，并作为首届中国月季展览会主会场。2005年1月，郑州市市政管理局（市园林局）组织开工建设，总投资约1400万元，月季公园于2005年4月28日建成，为开放式城市街头公园。

2005年4月28日至5月7日，首届中国月季展览会在郑州月季公园举行。短短10天时间，月季公园迎来市内外游客60余万人次，成为中原区新的景点，也为全国30多个城市提供一个月季展示、交流的平台。月季公园的建设填补了郑州市花卉主题公园的一项空白，为广大市民群众提供了一个赏品月季、交流学习月季历史文化、休闲游乐的场所，也成为辐射周边居民休闲、锻炼、交流的场所。

图 4-4　月季公园入口

图 4-5　月季公园植物景观

图 4-6　月季公园花卉

图 4-7　月季公园园路

图 4-8　月季公园花坛

图 4-9　月季公园小品

朱屯村

朱屯村是中原区知名的村庄,紧邻城区,从老地图上看,村庄与电力修造厂隔街相望,共有一所小学,厂里职工与村民一直友好相处、交往密切。

据村中老人回忆,朱屯村很早以前原住的居民绝大部分都姓车,名曰车兴屯。清初,因天灾人祸,车姓人家逃亡殆尽。此后,朱姓的居民到村内落户的逐渐增多,就改村名为朱家屯。后来,人们去掉家字,简称朱屯。朱屯北街原关帝庙的庙门前有一处清乾隆五年(1740年)村民积财重修关帝庙时所立的碑记,碑上刻着:"州治之西北十里许,车兴屯北隅,旧有关帝圣祠,创建莫考其时。"也揭示了朱屯原名为"车兴屯"的历史。

有人说,菜市场是最接近人间烟火的地方。朱屯也自然因为菜市场的存在成为周边最具人间烟火气的地带。从煤仓北街到朱屯西路,五百多米的道路两侧不仅有瓜果蔬菜、熟食面点,甚至夜市排档、服装小摊也应有尽有,是市井生活与人间烟火的突出体现,更走出了"朱屯米粉"这样远近闻名的餐饮品牌。

图 4-10　新建高层住宅小区

图 4-11　朱屯西路街景

第四章　月季花开

04 金水西路

　　金水路是郑州市贯穿东部行政区金水区的主干道，因河南省委省政府位于金水路上，又成为郑州市的迎宾大道。金水路从大石桥向西，与西郊建设路相连，向东沿路拥有郑州市重要的单位和公共建筑，穿过郑东新区，与郑开大道贯通，一直向东，行驶70余千米，可抵达开封老城的西大门——大梁门。

　　金水西路位于郑州市中原区，原名西站路，因金水路西延与西站路连成一线，特更名。金水西路东起嵩山路，西至西三环，南临陇海铁路，长4600米，宽63米。本书所介绍的郑州电建中原华曦府项目南接金水西路，东临月季公园，交通便利，区位优势明显，是个宜居的宝地。

图 4-12 金水西路鸟瞰

第 五 章

老城新生

城市是一个有机的整体,也是个巨大的生活容器和空间场所。随着时代的进步,城市中的人、事、物也与时俱进地发展着,而不同时期的建筑逐步成为一个时代的印记,也使古老的城市不断获得新的生命力。

城市的有机更新

01

对我国城市居住区规划设计影响最早的理论应该是邻里单位理论。邻里单位的产生是为了应对现代工业蓬勃发展所带来新需求和新问题,如居民生活方式改变对于街区内各类公共服务设施的需求,现代机动化交通对通行速度与能力的需求,以及汽车通行量增大带来的居住区在环境、健康和交通安全方面的问题等。西郊工业区的生产加生活的规划具有时代性,反映出功能主义城市和计划经济的格局。

因此,邻里单位在规划设计上具有两个重要特点:首先,它与城市的关系是分离的,体现在其交通组织方式上。邻里单位要求城市道路不能穿越其内部,只能沿外围设置。同时,其内部道路在设计上采取尽端式,以限制外部车辆穿越。由此,邻里单位通过城市道路界定出邻里空间的内与外,形成了一个相对独立的城市单元。其次,它是围绕内部核心组织的,体现在其布局方式上。邻里单位的核心是位于其中心位置的小学,小学的规模将决定整个邻里单位的人口规模。同时,小学附近会结合广场及绿地配备各类邻里服务设施(如图书馆、公共活动中心等),形成整个

图 5-1 郑州西郊中原路街道夜景

第五章 老城新生

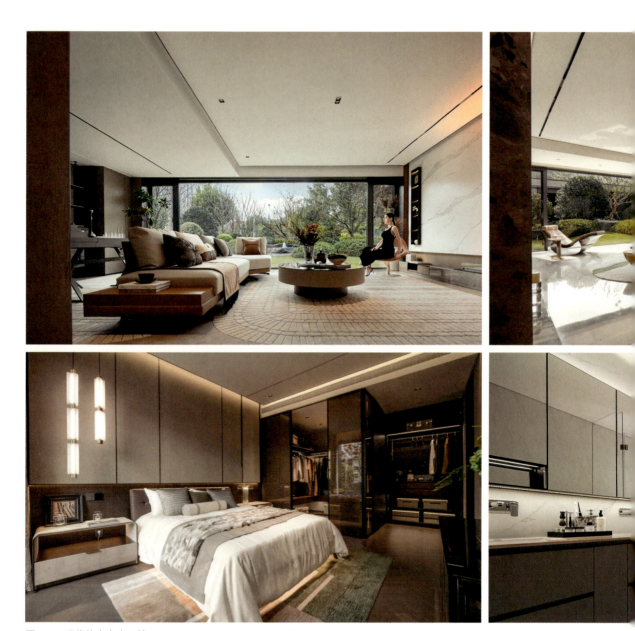

图 5-2 现代住宅室内环境

邻里单位的核心区。这种单核心、向心型的布局方式,促使居民的生活围绕中心区展开,体现出较强的内向性。

随着大规模的城市改造和搬迁,传统的邻里关系纽带断裂。在一个由陌生人组成的新住区里,如何重建住区归属感、认同感和良好的邻里交往关系,形成真正的"共同栖居的家园",是城市现代化必然会面临的问题,而解决这个问题的一个重要方面有赖于住区公共空间的合理规划、建设和使用。

随着社会的发展、人们生活水平的提高,对住区空间的环境要求也不断提升,人们已不满足于住区户外空间环境的功能完善,而更加注重住区户外空间环境的社会环境建设,即居民的需求已经从物质需求转向精神需求。所以,未来的住区建设应该适应这种社会发展的要求,加强对住区的人文关怀,加强对"居住日常生活"的内容以及发展需求的关注,构建新的时代背景下和睦融洽的新型邻里关系。从根本上说,良好的住区意识和社会资本的培育都有赖于居民之间融洽的交往,因此,增强住区空间归属感是很有必要的。

近年来,随着城市化的发展,高层住宅成为城市居住建筑的主体,使我国城市居民原有的生活方式、居住模式逐步产生了转变。新建的高层住宅小区,使传统的邻里关系被打破,面对陌生的邻居、不熟悉的社会环境,邻里交往日益减少甚至丧失。

随着我国逐渐步入老龄化社会，这个问题尤为突出。老人在退休后社交圈变小，社交的范围多以住区为主，闲暇时间也明显增多。如果没有积极的邻里生活和交往的空间，老人无事可做，与他人交流不够，则会倍感孤独、寂寞。

住区是社会的基本单元，只有住区日趋和谐，构建和谐社会才有坚实基础。而邻里空间是住区空间的一个重要组成部分，于是在城市的住区中如何创造和谐邻里空间，为居民提供具有归属感的空间环境，是一个当代城市更新和华曦府建设需要解决的问题。

随着信息时代的到来，社会的变革和社会结构的转型，使城市居民交往空间超越了住区人际关系网络。但是住区外的交往网络仅仅满足城市居民经济活动和社会活动的需要，是他们生活的部分，而不是全部。对大多数城市居民来说，居住环境是他们城市生活的基本空间。根据社会人类学观点，人有一种归属于某一处的强烈愿望。许多人，尤其是传统文化深厚影响下的中国人，在一生中可以周游四海，但在他们晚年时都期望能够落叶归根。这种在空间上定位的需求，便是我们通常讲的归属感和认同感，也就是人们对家的感觉和追求。

图 5-3 秦岭路高层住宅街景

/ 02

居住的风景

郑州西郊的建筑丰富多彩，那么建筑是如何体现文化的呢？简单而言，在物的方面，往往基于建筑中实体墙面的表达，即着重于水平或垂直面的各式装饰，因为装饰的必要性是心理上的，是生活模式的要求，并具有可操作性。建筑中大量装饰的运用体现了建筑与其他艺术的血缘关系，在此，装饰不仅仅是人类寻找美的一种表现，还深含着不同文化的象征意义。从人类生活的角度来讲，居住建筑与人的关系最为密切。中国传统居住建筑中装饰尤为丰富，在建筑的立面、构件、室内、用材、色彩等多种条件下广泛运用，尤以匾额、楹联和彩画最具中国传统人文特色，其书法和文字含义，诗情画意，字里行间寄托了楼主人多少心愿和期盼，显现出建造者的文化素养和生活境界。河南传统民居有着深厚的文化内涵，如鹤壁李家大院三号院的三进院月亮门上"宜风、宜雨、宜雪、宜晴"的砖文，不仅表达了人与自然的关系，亦体现了宅主为官做事的一种心境；信阳新县毛铺村一宅院门楣上"溪山自赏"四字，是屋主人回归山水的生活写照；而郑州康百万庄园"留余"匾，则是康家的家训匾，体现了儒家"财不可露尽，势不可使尽"的中庸思想。

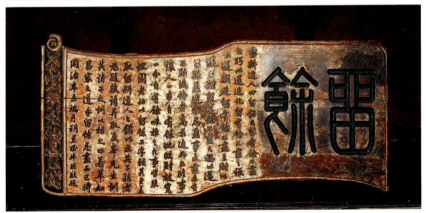

图 5-4 河南传统民居建筑上的砖雕、石雕、木雕文字

图 5-5　郑州中原区东史马村任家大院倒座门楼

图 5-6　任家大院堂屋

图 5-7　任家大院木雕

一般研究者认为中国传统居住建筑以四合院住宅为代表，形态特征以单体间围绕内院布局。从型制上看，中国传统合院住宅本身与自然宇宙间存在着某种同构关系，如"天圆地方"是中国早期特有的宇宙事物之间形态的基本感知。此中"方属地"的认识则被赋予高度的象征意义，成为人们居住空间的理想模式。这种"天人合一"的内在结构，以秩序和内庭的共用空间达成环境的和谐，呈现出自然内引，达到力的平衡的自然关系，其美学内涵体现了社会生活的"法"与"礼"。这种认识仅从传统宗教社会的角度来认识，具有一定的片面性。因为传统居住建筑承载着中国人太多的人生期盼和生活梦想。它的美学内涵和价值亦是多方面的，其中就贯穿着中国美学精神，即南开大学宁宗一先生的观点："中国美学精神是艺术的，艺术的精神是诗意的。"人们对传统居住建筑的赞美，本质上是对一种传统的自然农业生活方式的向往。它与西方别墅住宅相比，体现了东西方不同的生活方式和建筑观，同时也表达了不同的美学内涵。中国传统居住建筑的美学精神，也可归纳为一句话，即诗意的居住。这种诗意的居住美学主要体现在文化方面，使居住成为自然中的风景。

而欧洲传统居住建筑，亦具有院落式的特点，如意大利庞贝古城中的典型住宅，空间布局以室内房间围绕内厅布局，体现某种与自然力的外联与对抗。这些住宅形态具有的外向性，强调垂直方向的古典构图和单体独秀的特点，体现了物的逻辑数理关系。尤其是别墅式住宅同样使居住成为自然中的一道风景，如伍尔弗汉普顿附近的怀特威克庄园，它是伊丽莎白时代的庄园住宅在维多利亚时代的重现。由此可见，不能片面地将西方工业革命后对自然的掠夺式开发，简单理解为西方文化中人与自然的关系是对抗的，实际上西方文明从古希腊开始在建筑中就学会模仿自然，如帕提农神庙或胜利女神像，人们通过与自然真实地接触，理解并再现了自然法则。

而在非物的方面，即某种关系，关系是一种超越了对立面的存在形式，它不是一个结论，而是一种潜在的、过度性、间接性的性质和过程。建筑空间正是如此，它既是从自然中界定出来的，又因人的活动而存在，空间成为建筑的特质之一。从空间起源上看，居住建筑作为人类抵抗自然力的第一道屏障，是自然异化的产物。正如英国建筑家奥尔索普所说："建筑不始于第一个用木棍和泥巴或树枝和茅草搭起的小屋，或堆起石头用泥草做顶，这些东西较之燕子窝和海狸穴高明不了多少，只有当人类开始关心他们构筑物的外观时，建筑才真正开始。"这说明人类一开始就赋予建筑形态以审美和象征意义，这种超功利性需要表达了人类审美认识的觉醒。对自然来说，人工的一切创造物都是异己的，对抗性的。人通过自己的活动使自然"人化"并创造出"人化"的自然，这种被人化的自然不再是真正的自然，而是人所欣赏的"风景"，人与自然的关系成为建筑发生的原点和归宿。建筑在自身发展过程中，从确定自身走向解体自身，走向"风景"是实现自身异化的结果。在此，"风景"是与自然内在结构的一致，而"有机建筑"是理性的物化，表现为对自然形态的模仿与适应，风景的建筑不在于发明新的东西，而是学习且延续自然景观，由此作为对文化的表达方式，所以，"风景"是"文化"的基础，人是如此地依附着它，如果没有它，生命、灵魂与思想全部无法想象。

在西方近现代居住建筑中有两个"有机建筑"的代表作品，一个是人们最为熟悉的赖特的流水别墅，它体现了在居住环境中水给人带来的快乐，从纯自然到高度人工化的各种建筑手段，纯粹的几何形态与自然环境有机地融合在一起，水赋予了建筑以灵动。

图 5-8　美国现代建筑大师赖特设计的流水别墅

图 5-9　米兰垂直森林住宅

图5-10　米兰垂直森林住宅的阳台

另一个是现代的绿色高层住宅建筑，位于意大利米兰的"垂直森林"，该建筑由著名建筑设计事务所"博埃里工作室"负责人斯坦法诺·博埃里从2006年开始设计的，其灵感来自一次植树活动。布鲁内洛说："为什么不能将平铺的森林立起来，在寸土寸金的大城市里建造一个人与自然共同的家呢？"设计师希望这对姐妹楼能够降低城市交通污染，也为当地居民遮挡地中海的炎炎烈日，并可以随季节的变化而自然改变建筑外观，这相当于1.1万平方米的绿色植被。该建筑成为未来绿色住宅建筑发展的方向之一，但因造价和绿植养护等原因，并未大量建设。

在东方文化中,有两个小宅子堪称风景的居住,两者均实现了文化与空间的完美统一,其一是青藤书屋,它是明代大文学家、画家徐渭的故居,位于绍兴市前观巷大乘弄内。从小巷进入青藤书屋,穿过清幽的小院,就是一座三间两进平屋,分前后两室,两室各带一小院。前室正中悬挂着明末大画家陈洪绶题写的"青藤书屋"匾额,南窗上方有徐渭手书"一尘不到"匾,匾下对联是"几间东倒西歪屋,一个南腔北调人"。书屋旁的小天井由月亮门进入,上书"天汉分源"几字,内种一棵青藤,郁郁葱葱,盘旋而上,书屋以此得名。最为奇特的是小天井内还有十尺见方的小水池,名曰"天池",天池伸入房基下,有一石梁,石梁下立一方柱,上刻"砥柱中流"四字,这小小一池碧水宛如一片波涛澎湃的大海,折射出徐渭桀骜不驯的性情,这石柱托物言志已成为符号而非结构,此景致乃徐渭坎坷一生的写真。站在水池旁,人们能感受到心灵的感染与震撼。这里,院落、建筑、古木、水池、书法,共同构成了一个诗意的风景。

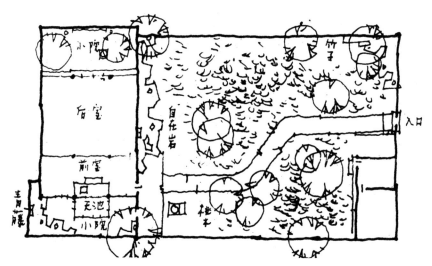

图5-11 青藤书屋平面图

图 5-12 青藤书屋的月亮门、天池小院和古藤

其二是住吉的长屋,它是当代日本建筑师安藤忠雄1976年完成的成名作。安藤忠雄认为建筑风格与建筑师个人有关,是可变的,但是传统建筑的精神内涵具有稳定的作用。比起复制屋顶形式、深远出檐和外廊等旧有元素,他更愿意涉及形式背后的精神和内涵。该建筑占地仅57平方米,一层建筑面积34平方米,总建筑面积只有65平方米,两层高。长方形平面被分隔成三等份,中间一格为内庭,设置通往二层的楼梯,二层的房间以天桥相连。整个建筑以清水混凝土的箱形表现展示出都市内传统住屋的现代形式。在创造这个有极限的空间的过程中,安藤忠雄领悟到在这种近乎极端的条件中存在一种丰富性。天桥成为人心与自然联系的时空装置,建筑中央的庭院提供了一种与自然的接触,是住宅生活的中心,也是一个引唤现代城市正在日趋消逝的光、风、雨等自然物的一种风景,住吉的长屋成为安藤忠雄以后建筑创作的原点。

图5-13 青藤书屋"天池"里的"砥柱中流"

图 5-14 住吉的长屋

风景的居住体现出传统的居住理念,是一种人文关怀,追求人与自然的合一,而现代住宅之所以成为居住的机器,在于过分强调技术的作用,把活生生的人当成是一群没有个性、标准化的人。在当代城市建筑,尤其是高层居住建筑中,如何创造新文化与新空间的统一是建筑师面对的重要课题。正如日本建筑师长岛孝一所言:"建筑师的一个重要任务就是用物质的表现形式去体现文化,并以此来提高文化,使其充满希望……创造一种空间,它与历史和文化深深铭刻于人们心中的无意识,潜在心理和集体潜意识是一致的。"

两个小宅子作为一种独特的文化现象,更多地体现了东方人的自然观和审美意象,即强调心与自然相接,人与天地合德,即情景交融、心物感应、物我合一的中国美学观念在传统居住建筑中的反映,表达出空间形态的文化内涵,这正是中国传统居住建筑的美学思想及其价值所在。因为建筑存在的整体环境就是由自然环境和生活环境共同构成,城市环境更需要人工与自然的结合,而"发生在人造环境中的那些具体而生动的生活条件是进行建筑创作的依据和出发点"。"生活"是人类区别于万物的存在方式,大千世界,除人以外,自然万物仅仅是存在着或生存着,生活却是有所期望和企求,有所规划和设计的,人类正是以此提出和解答各种问题,中西方建筑师正是以这样的实践去探索自然,从而创造出人类生活的风景,"豫见"不同的时代印记。

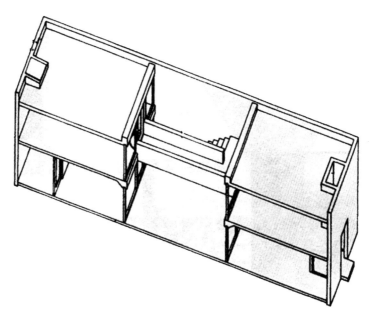

图 5-15　住吉的长屋轴测图

城市：
使生活更美好

03

2010年上海世博会的主题是：城市使生活更美好。这个主题响应了中国城市建设的发展和生活水平的提升，各个国家展示的人居环境设计的新理念、新技术、新方法令人耳目一新。经过十多年的发展，低碳、绿色、生态和节能等理念已深入人心，在今天的城市建设中发光发热。

生活是一场关于美好的追求，而美好的起点，往往源自于栖居的环境。在城市的喧嚣纷扰中，人们总是渴望家是宁静、恬逸的角落，以获得心灵的片刻安宁。舒适栖居不仅仅是一种生活状态，更是一种心灵的滋养，让人在忙碌的日常中找到片刻的慰藉。从物质到精神，从外在到内在，探讨美好栖居的多维感知，或许能带我们走进一个更加宜人的生活境界。

栖居空间、家具陈设、装饰风格等为舒适栖居创造了物质环境的基础。宽敞明亮的居所让生活在其中的人不会感到拥挤压抑；舒适的家具陈设以最直接的感官接触，给人以抬手可达的便利，或是坐、卧、躺、靠都足够放松的体验；考究的家居装修在美学享受、空间功能性、居住品质、

图 5-16 上海世博会中国馆

个性表达等多方面烘托出家的温馨。

在物质环境之上,舒适栖居更是要创造一种令人愉悦的氛围。舒适的室内温湿度、洁净又时刻新鲜的空气、充足的自然采光、外部噪声的控制、令人踏实的安全感等因素,让人在住所中身心放松,随时可以俯瞰都市的烟火,又随时可以忘却都市的烦忧。

舒适栖居不仅是物质享受,更是情感的联结。人们常说"房子不是家,有爱才有家",房子是家庭的空间载体,而家是情感的驻足地,是人们心灵的港湾。舒适的住房可以让人们找到归属感和安全感,让家人在此共同分享快乐和分担困扰。亲情因舒适栖居的空间得以培育和升华,让人们在外面经历的喜怒哀乐,在家中都能得到理解和宽慰。

舒适栖居最终指向的是内心的宁静。都市生活的快节奏和压力常常让人们感到疲惫不堪,而宜居的环境却可成为心灵的庇护所。独属于自己的静谧空间帮助人们减轻焦虑,净化心灵,从而在繁忙的生活中保持一份内心的宁静。在这里,人们或思考人生、反思自我而获得更深刻的体验和成长;亦或放下所有的思索,只是淡淡地享受宁静本身。

随着科技进步和社会发展,舒适栖居也将出现更多的可能性。智能化的家居系统将更加贴合人们的需求,为生活带来更多便利;可持

图 5-17 天圆地方内庭

续建筑和绿色环保理念将推动栖居环境的改善，为人们营造更健康的生活空间；人工智能的应用将帮助人们更好地管理和规划家庭，释放更多时间和精力。

预想未来，舒适栖居将不仅仅是满足生活的基本需求，更将成为人们追求美好生活的一部分。它将不断地与人类的情感、社会和科技融合，创造出更加多样化、丰富化的栖居体验。无论是物质的享受、情感的联结，还是心灵的宁静，舒适栖居都将在未来继续引领着人们向着更高层次的生活境界迈进。

人间烟火、
安居城心

04

在城市的喧嚣中，住宅不仅是提供居住空间的容器，更是城市的镜像，映射出城市的高光时刻和文化特质。随着社会的发展和建筑技术的进步，住宅建筑外立面也日益多样化，公建化、镜面化的设计风格成为高端住宅备受追捧的趋势。极简线条搭配大量玻璃幕墙和铝板材质的运用，给住宅建筑创造出轻盈剔透的轻奢质感。极简、轻盈、剔透、错落的住宅建筑自然成为一个区域令人印象深刻的地标。这种理念不仅是对建筑外观的追求，更是对城市生活品质的提升和居住者归属感的塑造。

住宅建筑外立面镜面化的处理，是一种让建筑融入城市天际线的简约而不失格调的理念。当我们站在这些镜面化的住宅建筑前，不禁被其外立面所吸引。自身简洁的形体与色彩，犹如安静的湖面一般映射出天空绚丽又丰富多变的画面。晴朗的日子里，蓝天白云在镜面上舞动；阴雨的日子里，雨滴在镜面上形成涟漪，犹如雨水撩动湖面，让人陶醉其中。这种外立面赋予了建筑一种与众不同的美感，让人在外部就能够感受到建筑的独特之处。对于室内而言，大量的落地窗让室内充满了自然光线，宽敞明亮的居住空间让人感到舒适和宽敞。站在窗前,高楼大厦、街道,川流不息的车流、行人匆匆忙忙的脚步,都市的烟火尽收眼底。而最令人陶醉的时刻莫过于黄昏初上、晚霞漫卷。太阳缓缓落下,天空渐渐染上了橙红色的晚霞,这时镜面的立面成为一个巨大的画布,天空的色彩在上面倒映出一幅绝美的画作。屋内的居住者静静地坐在大大的窗前,欣赏晚霞的美丽,感受到大自然的奇妙。这种时刻让人忘却了都市的喧嚣和疲惫,沉浸在自然之美中。居于此间的人们便有了在都市中"静看花开花落,坐看云卷云舒"的独特体验。

镜面化的住宅外立面设计不仅是为了单一建筑物的美化,更是为了营造出城市的高光时刻。城市作为人类文明的集中体现,其形象和文化特质至关重要。当城市的一个区域拥有了跳脱传统高层住宅外观风格的住

图 5-18 华曦府内部景观

宅建筑群时，这里便有了新的城市亮点与视觉中心，这不仅提升了城市的视觉吸引力，也增强了城市的文化品位。此外，城市的日益发展使人们逐渐失去了对城市的归属感。然而，镜面化、公建化的住宅建筑风格在成为城市地标的同时，更让居住者感到居于此间的自豪，并从这份自豪中愈发感受情感的归属。归家的车流、漫步的街头，归家的情感从远望既可辨别家的方位开始升华。而又是这份归属感，让整个社区越发拥有凝聚力，社区邻里越发和谐。

当然，镜面化的建筑风格除了外在观感的提升，更会对居住品质产生积极影响。大面积玻璃幕墙除了对室内采光的提升及户外美景的引入外，科学合理的材料运用更可以提高建筑的隔热性能和隔声性能，为居住者创造出宁静和舒适的居住环境。同时，现代化的材料与科技亦可实现遮阳与户内隐私的需求，充分体现科技创造美好生活的初衷。

当我们欣赏那些以极简线条、玻璃与铝板幕墙营造出的建筑时，不仅是在欣赏建筑的外在美，更是在感受城市的脉搏、时代的变迁。这些建筑不仅是楼房，更是叙述着城市故事的时代印记。

快节奏、高压力的城市生活，让人们在钢筋混凝土丛林中迷失了与大自然的联系，也让人们更加渴望家是一片宁静和自然的天地。这个背景下，住宅区的无界景观成为一种趋势，自由状态下的沉浸园林让都市人文回归自然。

无界景观以绿化、水景、花园、户外艺术装置等多样性景观元素组成。绿色植被、花草树木被广泛种植在小区内的公共区域。这些绿化带来了宁静和美丽，为居民提供了放松身心的场所。绿树成荫的小道上，清新的空气与虫鸟和鸣的歌声让人忘却了城市的喧嚣与繁忙。人类与水自古以来便有深厚的情感联系，无论是静如明镜还是流水潺潺都能带来内心的平静和愉悦。池塘、流水、喷泉、水雾等水景元素不仅提供了视觉上的享受，还为园区提供了水的灵气与活力。水景的合理利用还可以改善居住区的微气候，带来更多宜人的居住体验。鲜花既为人们提供色彩斑斓的视觉享受，又在花季的差异中给人们关于时节交替的思考。户外艺术装置是无界景观的点睛之笔，更为小区增添了人文精神和艺术氛围。在无界景观的组织下，多样元素交融渗透，让居住区的景观变得丰富多彩、生机盎然。

无界景观又不仅仅是一些美丽自然元素的简单堆砌，它更是一种人文与自然的融合。无界景观中，人们可以在环境中尽情感受到大自然的美丽和宁静。这种与自然亲近的体验帮助人们摆脱城市的繁忙与喧嚣，减轻社会的压力，感受隐奢的生活。与此同时，无界景观也注重社区和居民互动。厚重的人文氛围不仅改善了居民的社交关系，还增加了对小区的归属感，促进了居民的参与度。

无界景观的设计注重生态和可持续发展。立体绿化、太阳能利用、海绵城市系统等技术的运用将生态与可持续发展的理念转化为具体的实践。这些措施有助于降低能源消耗，减少资源浪费，减轻环境负担，同时还有助于形成舒适的生活环境。

无界景观为都市人文提供了回归自然的机会。它们通过绿化、水景、人文、生态友好、可持续发展等元素，将自然与城市生活融为一体，提供了一个宁静、美丽、健康的生活环境，更为城市的可持续发展作出了积极探索，让我们更好地理解了城市与自然之间的和谐共处。

图5-19　华曦府下沉式中庭

中国电建地产在中原

中原华曦府项目

中原华曦府项目由电建集团开发建设,项目所在地西郊原为郑州市的老工业区之一,是火二电厂址所在地。随着城市建设的发展,与城市"退二进三"的更新政策,火二电厂址的何去何从成为电建集团关注的重点。作为央企的中国电力建设集团,希望能够在实现国有资产的保值与增值中,同时为地区的建设贡献自己的一份力。在对原老旧厂区遗址进行改建策划的过程中,电建集团关注到项目西侧西十里铺村所面临的更新困境问题。西十里铺村拥有384户,共有村民1648人,村内可开发土地仅有5.33公顷(80亩),较难推动城中村改造建设。因此,西十里铺村的居民一直住在破旧的小区内,对城市的发展与城市的整体形象产生了一定的影响。为了推动火二电厂址改造,提升西十里铺村民生活条件改善,加速城市经济建设与城市形象的提升,电建集团将厂区旧址与西

项目概述

郑州市中原区西十里铺（朱屯三期）城中村连片改造项目位于郑州市中原区，所在位置为郑州市主城区核心地段，毗邻金水区及二七区交汇处，交通便捷，区位优势明显。项目地处西站东街以西，煤仓街以南，金水西路以北，西站北街、朱屯路和朱屯西路以东合围区域。

项目改造范围包含西十里铺村和河南工程公司厂区、豫欣公司家属院、育红小学及2栋家属楼，其中西十里铺村为回民村，是郑州市政府明确的69个遗留村之一，安置基数大，本村可改造用地少，无法满足村民13.3万平方米的安置需求。中原区政府为解决村民剩余安置问题，同时河南工程公司为实现国有资产保值增值，双方共同决定将河南工程公司原火二电厂区土地纳入西十里铺（朱屯三期）城中村连片改造项目一并改造。

项目涉及土地权属复杂，分属于村集体、教育局、国资委、不同国有企业及个人所有。项目一级开发需沟通市、区两级政府，两级职能部门30多个，且隶属于2个办事处管辖。西十里铺村隶属于朱屯行政村，村情复杂，有些

十里铺村片区进行联合开发，将城市更新与城中村改造项目结合推进，形成连片开发的项目。该项目总体开发面积共有350余亩。作为央企的电建集团，在推动项目建设的同时，对项目所在地相邻的育红小学进行更新改造。育红小学1949年建校，前身为冯玉祥将军的军官所建的保育堂，历史较为悠久。在火二电厂发展建设期间，厂内很多职工的孩子都曾在育红小学读书。更新改造后的育红小学成为一座现代化的新学校，总建筑面积24000平方米，是集教学、办公、图书阅览、地下与地上运动场为一体的现代化学校。为了带动区域化的经济建设，电建集团在该区域内配建有7万平方米的现代化5A级办公楼，1万平方米的商业综合体，从而实现经济建设与教育建设的双驱动发展。火二电厂区改造项目的建设过程较为曲折，从2010年项目策划开始，经政府政策的多次调控，至2018年项目停滞，再到2020年育红小学的改造交付使用。2022年年初，在疫情期间，项目经历了钉子户的拆迁工作，土地更名，解决集团遗留问题，再到土地的流拍等，在整个项目的推动过程中有每一个电建人的不懈努力与坚持。

图 5-20　郑州华曦府项目区位图

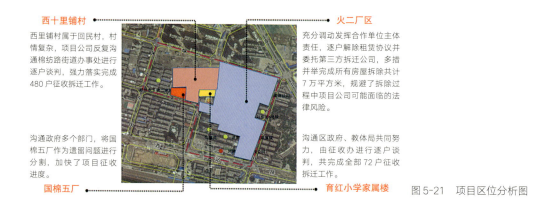

西十里铺村
西里铺村属于回民村，村情复杂，项目公司反复沟通棉纺路街道办事处进行逐户谈判，强力落实完成480户征收拆迁工作。

沟通政府多个部门，将国棉五厂作为遗留问题进行分割，加快了项目征收进度。

国棉五厂

火二厂区
充分调动发挥合作单位主体责任，逐户解除租赁协议并委托第三方拆迁公司，多措并举完成所有房屋拆除共计7万平方米，规避了拆除过程中项目公司可能面临的法律风险。

沟通区政府、教体局共同努力，由征收办进行逐户谈判，共完成全部72户征收拆迁工作。

育红小学家属楼

图 5-21　项目区位分析图

豫见 时代印记

搬迁户谈判异常困难，改造难度非常大。在村子尚未完全拆迁完成的情况下，经公司多方协调，整合各方资源，始终秉承"咬定青山不放松"的信念，攻坚克难，推动项目高效前进。

自参与项目改造以来，中南区域全力配合政府推进项目改造范围内全部拆迁工作。

2021年2月，项目完成红线内全部拆迁工作，正式启动土地收储手续办理，齐心协力攻坚，锚定建设目标。为推动土地二级开发项目顺利落地，结合市场情况及项目片区实际，中南区域向市政府申请调整项目土地出让起始价。为盘活郑州土地市场，经市自规局、市土储、市政府多轮研究后，市政府同意调整项目住宅地块出让起始价，创造郑州市土地市场的先例，达到政企双赢局面。同时，为加快安置房手续办理，减轻企业压力，市政府出台安置地块可划拨供应，项目根据该政策向区政府提出供应方式调整的申请，并得到批复。

项目团队充分发挥一二级联动优势。坚持设计先行，以现代简约风格高端产品系为基础，结合公司产品标准化及项目调性，明确项目定位及设计风格；加强工程策划，践行公司"交付力提升年"及品质管理要求，紧盯建设目标，合理排布节点，配强项目团队，为项目后续建设顺利进行奠定坚实基础。

中南区域上下齐心凝聚工作合力，再加力度、再强措施、再压责任，抢工期、抓进度、保质量，全力推进项目建设，全力打造优质工程、放心工程、民心工程，努力将项目打造为中国电建地产在郑州市的一张"新名片"。

在进行项目策划期间，为保证西十里铺村民的根本利益，保障安置房的建设，同时，也要满足新建小区的住宅品质，电建集团通过多次、长期的村民意愿摸底、调查，结合与政府的沟通、谈判，最终采用"货币化"的方式，帮助村民在得到安置房的同时拿到相应的资金补偿款，在改善村民住宿条件的同时，提升他们的生活品质。"货币化"的方式不仅让村民的利益得到了保障，也让中原华曦府的品质得到了进一步的提升。华曦府内的户型设计方案有143平方米、168平方米、192平方米三个户型，成为中原核心区的品质改善型项目。中原华曦府的大户型两梯两户高端品质住宅项目，配备便利的幼儿园、育红小学等教育设施，月季公园地铁站的交通可达性，为住户提供了高品质、更便捷的生活方式。由于西十里铺内的村民以回族为主，在对其进行城中村改造建设的过程中，电建集团充分听取了村民的意见，保留地区文化，建设专用房，保留地区的民族习惯。作为有担当的央企，电建集团在项目所在地的附近捐赠了全长0.5千米的朱屯路改造建设项目，为地区的居民提供更为舒适和便利的生活环境。同时，还计划对西站东街进行整体的形象提升与改造。育红小学的改造更新与道路的翻新建设，是电建集团的公益性项目，旨在为方便区域内的居民生活提供便利，营造更好的生活环境，协助推进城市的更新建设。

图 5-22 中原华曦府项目效果图

图 5-23　2023 年中原华曦府项目开工仪式

图 5-24　公司领导在中原华曦府项目检查指导

图 5-25　董事长在中原华曦府项目调研指导

图 5-26　合作投资签约仪式

图 5-27 西站东街改造竣工通车仪式

中国电建西站东街道路升级改造竣工通车,带动城市基础设施和交通环境的共同发展。

图 5-28 置业公司向学校捐赠图书仪式

河南泛悦置业公司向中原区西站路学校捐赠图书仪式,表达对教育发展的爱心。

图 5-29 电建地产与中原区工作会议

2023年4月,公司领导前往郑州市中原区政府,与中原区领导进行会谈。按照郑州市委、市政府的统筹规划,中国电建地产践行"大国基建、为民筑城"理念,高质量推进郑州第二火电公司建设项目。

主创设计师

袁源
大象建筑设计有限公司
总建筑师
国家一级注册建筑师
从业经验
19 年
教育
2000 年浙江大学建筑系本科毕业；
2003 年浙江大学建筑系硕士毕业。

袁源先生拥有丰富的职业经验，于 2004 年获"上海国际青年建筑师"称号。自 2006 年加入大象设计以来，袁源先生立足城市语境，在多项具有代表性的城市综合体及住宅建筑项目中发挥了重要作用。

袁源先生涉猎广泛，在大量实践中形成了明晰的个人风格，具备优秀的领导力和组织协调能力。他能够准确地把握市场定位，将客户需求完美融入设计理念。在丰富的实践积累之外，袁源先生对城市文化与场所策略的课题保持积极探索，曾于 2021 年完成"城市艺术设计的价值与应用策略研究"课题。

图 5-30　北京华曦府项目鸟瞰图

图 5-31　中原华曦府项目沿街效果图

图 5-32　中原华曦府项目鸟瞰图

图 5-33　北京华曦府项目立面效果图

图 5-34　郑州北龙湖华曦府立面效果图

电建现代轻奢产品从1.0时代发展到2023年，郑州中原华曦府在北京华曦府基础上进行全专业、全维度提升，即将开启现代轻奢产品2.0时代。

规划系统： 重点关注归家的礼序性、空间场景的多元性以及社区资源的均好性。强调四大核心价值点（人车分行、礼序归家、社交场景、幸福邻里），通过五个场景模块（社区外围、礼序前庭、交互C客厅、活动场地、花园入户）的重点打造，实现归家即归心，全龄礼遇关怀。

图 5-35 中原华曦府效果图

图 5-36 现代轻奢产品价值体系"规划系统"

图 5-37 现代轻奢产品价值体系"立面系统"

立面系统： 凸出"高山流水"的符号化主题，通过建筑的独特标识性、经典比例以及精致细节，塑造电建轻奢产品品牌形象。重点通过建筑檐部、中段、基座、单元门头、门窗阳台、设备平台六大模块的打造，来呈现立面人文美学、造型门厅、光照健康、绿色建造的核心价值，从而突出产品的价值感。

示范区系统： 强调展示空间的标识性、展示性以及主题性。通过社区外围、入口前场等九大场景，传递美学展示、幸福邻里以及所见即所得的核心价值，让客户能够清楚地预见未来生活场景。

图5-38　现代轻奢产品价值体系"示范区系统"

公司简介

中国电建地产集团有限公司（简称"中国电建地产"）重组成立于 2005 年 11 月，是国务院国资委核定的首批 16 家主营房地产开发与经营业务的中央企业之一。作为《财富》世界 500 强中国电建旗下房地产开发及城市综合运营业务的唯一平台，致力于成为国内一流的城市发展运营商。中国电建地产坚持以"赋能智慧城市＋打造幸福人居"为核心业务和以"产业经营＋资本运作"为主要驱动力的"两核两驱"发展模式，业务范围聚焦绿色住宅、智慧城市、开发代建、物业服务、产业运营五个赛道，产品业态覆盖住宅、商业、公寓、办公、酒店、产业园等多种类型，已形成 TOP 系、泷悦系、洺悦系、濛悦系四大住宅产品系，泛悦 MALL、泛悦汇、泛悦坊、南国大家装四条商业产品系。"绿色住宅"方面，把握当代人居发展趋势，以客户需求为导向，打造了宋式风格产品"泷悦长安"品牌和简约轻奢产品"华曦府"品牌。"智慧城市"方面，雄安·电建智汇城项目在开发建设进度、质量、安全上创造了多项"第一"，得到雄安新区、河北省委高度认可，荣获"2022 年度雄安新区高质量建设发展突出贡献奖"。"开发代建"方面，落地了中国电建北方区域总部北京大兴西红门双碳基地项目。"物业服务"方面，物业公司荣膺"2023 年中国物业服务百强企业"第 39 名，成都西岸观邸项目荣获"住建部美好家园创建"典型案例。"产业运营"方面，改造升级的华中小龟山金融文化公园已成为武汉市城市更新名片，"悦生活"长租公寓和"北京山谷"文旅项目获得市场高度认可。

2023

郑州·中原华曦府项目

电建金桥·北龙湖华曦府

2023 年 7 月

|项目概况| 择址郑州市中原区核心腹地，金二环稀缺坐标，占地 7.75 公顷（116.25 亩），容积率 3.8。项目定位中国电建地产最高端华曦府产品线，聘请三位国内顶级大师联袂设计，秉承现代轻奢设计理念，创新打造高山流水极简超流体建筑，匠造时代美学作品。

2023 年 9 月

|项目概况| 电建金桥·北龙湖华曦府，央企电建、金桥置业匠艺立筑，诚意开篇，首献北龙湖。起笔郑州中原科技城成熟区，一路紧邻四梁八柱，时代红利在侧，近享城市厚爱溢 自然弥珍、产业集萃，教育/商业/医疗等高阶资源邻秀而居，全景式高阶生活艺术场。

电建十年

2013~2018

郑州·海赋国际

2013 年 5 月

|项目概况|位于郑东新区心怡路与福禄路交叉口，高铁站商务区核心。是郑东新区众多商务办公写字楼中，稀缺国际化酒店式公寓和一站式配套为一体的综合性项目。项目总用地面积 8000 平方米，项目总建筑面积约 7.4 万平方米，楼体建筑高度约 112.75 米，容积率约 6.99，分地上 25 层、地下 3 层。

郑州·洺悦府安置房项

2017 年 12 月

|项目概况|择址中原城央板块，打造民生工程，为民筑城。5 栋建筑面积约 65~155 平方米，四种户型，含瞰景高层、花园洋房，容积率 3.09，建筑面积约 11.9 万平方米，为民生安置用房。

安康·洺悦府

2018 年 1 月

|项目概况|规划 4 栋建筑面积约 101~135 平方米瞰景高层、7 栋建筑面积约 143~170 平方米花园洋房。结合势设立三大环形跑道，配多种运动设施，享受品质生活。

电建十年

2018~2019

郑州·泷悦华庭

2018 年 5 月

| 项目概况 | 择址滨河城央板块，国际品牌精装准现房，五心服务体系，主力在售小高层产品，一梯一户，私享电梯入户，最大约 170 米楼间距，最长日照时长达 10 小时／天，建面约 109~155 平方米国匠华宅。

郑州·泷悦华筑

阎良·洺悦府

2019 年 1 月

| 项目概况 | 择址滨河城央版块，主力在售三面宽95 平方米小户型产品精装华宅，六大收纳空间系统，强大的储藏功能，符合现代人居家习惯，建面约 95~143 平方米品质华宅。

2019 年 12 月

| 项目概况 | 项目择址阎良航空城，总规 15 栋独栋独单元的小高层，2.2 低容积率，3600 平方米中央景观，超 73 米超大楼间距，以独创五维景观打造东方唯美意境，匠造建面 110~158 平方米品质舒居。

电建十年

2022~2023

兰州皋兰生态产业综合开发项目

2022 年 1 月

|项目概况|本项目作为兰州皋兰生态修复与产业发展示范区规划落地起点，核心开发内容涵盖市政道路、生态修复、学校等基础设施配套工程。项目所在示范区将着力打造先进制造业、高端特色服务业、战略新兴产业三大主导支柱塑造国家西部生态创新发展聚集区，有效实现新老城区联动发展。

郑州·泷悦吉通汽车产业园项目

2022 年 11 月

|项目概况|项目属于二七新区板块，项目东侧紧邻郑州四环快速路，交通便利，是建立汽车产业园区的理想场所，园区整体规划为区域汽车产业地标，总建筑面积约 4.3 万平方米，场地四周均紧邻城市规划道路，为汽车产业园区提供了较好的交通资源。

郑州·中国电建河南工程公司总部办公大楼

2023 年 3 月

|项目概况|择址郑州市中原区、金二环核心腹地。总建面约 6 万方，其中商业约 10000 平方米，写字楼办公约 50000 平方米，楼体建筑总高度约 100 米，共计 27 层，其中 1~3 层为商业配套，4~27 层为办公专用。

电建十年

2020~2021

西安·泛悦城

2020 年 1 月

|项目概况|择址西安市东部新中心国际港务区，共规划 14 栋精装品质小高层，配备美国霍尼韦尔新风系统、美国艾有净水系统等国际一线装标。公寓百米超高层，顶层视野，一览国港风貌，全明享受，更具品质体验。

晋中·洺悦宸苑

2020 年 6 月

|项目概况|处于晋中大学城核心位置，营造中式典雅社区，打造榆次园林新标杆。约 50% 绿化率，配备五大健康系统，全方位贴心照料到您和家人生活中的每处细节。户型全面优化，南向约 6.7 米观景大阳台，空间多变，满足全周期需求。

郑州·洺悦天玺

2020 年 12 月

|项目概况|择址郑州二七主城宜居价值洼地的阳光三房。项目设计采用新中式风格，园林景观皆出自于《千里江山图》，为城市精英提供理想品质居所。

西安·中国电建西北区域总部大厦

2021 年 5 月

|项目概况|择址西安市东部新中心国际港务区，总部用地 1.97 公顷（29.49 亩），打造 1 栋总高 150 米的超高层写字楼和 1 栋 13 层的四星级酒店，其中写字楼总高 35 层，1~2 层为 3000 平方米商业配套，主力户型面积为 45~50 平方米。

电建十年

西安·悦达&电建·玖玺台

西安·泷悦长安

2021 年 7 月

|项目概况|择址西安市西威新区空港新城板块核心位置，与空港新城城市中心公园一路之隔，共规划 11 栋小高，13 栋洋房，国际一线品牌精装。

2021 年 10 月

|项目概况|择址西安国际港务区奥体板块核心位置，匠造建面约 108~143 平方米三居四居府园宽境。项目配建约 3000 平方米中庭景观，全龄化社区场景，约 700 平方米泛会所，康体健身、朝夕图书馆、瑜伽馆等，纵享全能休闲娱乐配套。

洛阳市老城区新型城镇化建设项目

郑州·洺悦融园

2021 年 7 月

|项目概况|项目开发总面积约 646.53 公顷（9698 亩），计划分二期实施，项目总投资额约 92 亿元。位于洛阳市老城区，地理和交通优势突出。

2021 年 12 月

|项目概况|择址郑州管城区二环城央地段，项目整体风格为现代新中式宋风建筑，以《西园雅集图》文人雅士生活场景为蓝本，构筑三进归家雅韵、九章园林景观体系。礼承东方序章，匠心琢筑建筑。

电建十年

图5-39　中国电建地产集团有限公司

参考文献

[1] 河南送变电建设公司.河南送变电建设公司志（1958—2002）[M].2003.

[2]《河南省电力工业史》编委会.中华人民共和国电力工业史河南卷[M].北京：中国电力出版社，2003.

[3] 政协郑州市中原区委员会.中原区历史印记[M].北京：中国电力出版社，2015.

[4] 郑州市档案馆.城市记忆——郑州历史发展档案图集[M].郑州：中州古籍出版社，2013.

[5] 张江山.百年郑州[M].郑州：中州古籍出版社，2019.

[6] 郑州市中原区城市建设环保局.郑州市中原区城市建设志[M].1995.

[7] 张江山.百年郑州人与事[M].郑州：河南人民出版社，2015.

[8] 赵富海.老郑州 商都遗梦[M].郑州：河南人民出版社，2004.

[9] 郑州市中原区地方史志编纂委员会办公室.2021中原区年鉴[M].郑州：中州古籍出版社，2015.

[10] 河南概览编委会.河南概览[M].北京：中国画报出版社，1999.

后记

记得有一位作家说过：人的一生有两个不会忘记，一是母亲的面容，另一个是从小生活的城市。

作为一个在郑州生活、学习、工作近60年的建筑学人，亲历、见证和参与了郑州市的发展、变迁和建设工作，感受到从小生活的城市，是童年的记忆和乡愁，也是生活在城市中的人们的心灵家园。随着城市建设的发展和建筑的新陈代谢，历史的记忆逐渐遥远，如何保留这份记忆？从城市和建筑的角度看，有两个方面的工作要做，一是优秀历史建筑的保护，二是在新的建设中考虑周边环境和历史文脉，使新建建筑中城市的文化特色得以延续和传承。

感谢中国电建地产集团领导们的信任和支持！使我们有机会结合在郑州电力修造厂建设的华曦府项目对郑州西郊的工业建筑遗产和建筑文化进一步思考和总结。

感谢郑州大学综合设计研究院有限公司郭弘副院长的帮助和鼓励！

感谢郑州著名文化学者赵富海先生在百忙中拨冗赐序！赵老师深耕郑州历史文化数十载，1973年任共青团郑州市团委副书记，1975年任郑州柴油机厂党委副书记，2004年任郑州市作家协会副主席等工作，出版《郑州十大历史故事》《老郑州 商都遗梦》《老郑州 商都老字号》等多部有关郑州历史和文化方面的著作，并对郑州西郊工业建设如数家珍，有着太多的故事和记忆，交流中使我获益匪浅。

感谢中国建筑出版传媒有限公司（中国建筑工业出版社）唐旭主任、李东禧编审、孙硕编辑的支持和辛苦工作！

感谢受访者们的参与，与老职工的交流，感受到平凡的人有最多的感动。

感谢编委会成员们的共同努力，本书的出版是集体的成果。

感谢老照片的拍摄者和网站相关资料的作者们，今天的一点点进步，都与前人相关。

回顾改革开放 40 多年来，中国城乡面貌发生了巨大变化，有两句话体现了对这个时代的感悟：一句是"有多少城市可以重来"，因为城市建设速度太快，建成后也会有所遗憾，体现了城市规划的重要性，规划要超前；另一句是"居住改变中国"，因为住宅是城市建设中最大量的类型，影响着人们的生活和城市面貌。

郑州，这座古老而又年轻的城市亦经历了这些发展，并不断前行。

郑东军

2023 年 12 月 31 日于郑州大学北校区

图书在版编目（CIP）数据

豫见：时代印记/郑东军主编.—北京：中国建筑工业出版社，2024.3
ISBN 978-7-112-29645-3

Ⅰ.①豫… Ⅱ.①郑… Ⅲ.①城市建设—成就—河南 Ⅳ.① F299.276.1

中国国家版本馆 CIP 数据核字（2024）第 045137 号

责任编辑：唐　旭
文字编辑：孙　硕
责任校对：赵　力

豫见　时代印记
郑东军　主编

*

中国建筑工业出版社出版、发行（北京海淀三里河路9号）
各地新华书店、建筑书店经销
北京雅盈中佳图文设计公司制版
北京富诚彩色印刷有限公司印刷

*

开本：787毫米×1092毫米　1/16　印张：$14\frac{1}{4}$　插页：1　字数：240千字
2024 年 6 月第一版　2024 年 6 月第一次印刷
定价：128.00元
ISBN 978-7-112-29645-3
（42756）

版权所有　翻印必究
如有内容及印装质量问题，请与本社读者服务中心联系
电话：（010）58337283　QQ：2885381756
（地址：北京海淀三里河路 9 号中国建筑工业出版社 604 室　邮政编码：100037）